偽史の政治学

新日本政治思想史

河野有理

白水社

偽史の政治学——新日本政治思想史

装幀＝小林　剛
組版＝鈴木さゆみ

偽史の政治学＊目次

序章　丸山から遠く離れて

ことばというものが、意味を持たなくなっていった。ことばは現実から乖離し、裏付けを失い、本心とは似ても似つかぬものになっていった。だれも人のことばを本気で信じなくなったから、うそ偽りを語っても良心が痛まなくなった。

ユン・チアン『ワイルド・スワン』土屋京子訳

この日本列島に生きる人々が過去、どのようなことを考えてきたのか。とりわけ、政治についてどのように考えてきたのか。筆者が専門とする日本政治思想史は、ごく大雑把に言えば、以上のような問いに答えようとする学問である。(1)

それは、政治学の一分野である。「われわれの政治は今、どのような状態にあるのか」「われわれの政治は、今後、どのようであるべきなのか」。こうした問いが政治学にとって基本的な問いであるとするならば、例えば過去の政治学者の主張や命題や仮説を整理し、彼ら彼女らが用いる概念が、今もなお使用に耐えるか否かを検討するという作業は、政治学者たちが無用な混乱に陥らないためには必要な作業である。

そのような意味では、日本政治思想史は（その場合、必ずしも「日本」を冠する必要はなかろうが）、最低限、政治学の補助学問としての地位を主張できるだろう。学説史は地味なようでいて、大切なものである。

ただし、これまで（日本）政治思想史の名の下に生み出されてきた先行研究が、狭義の意味での政治学の学説史にとどまってきたというわけではない。そして、本書においてもそのような作業が遂行されているわけではない。そのことは本書の目次を一瞥しただけで明らかであろう。狭義の政治学者ではない人々の「思想」を本書は、多くの先行研究と同様に、問題にしている。

狭義の政治学の学説史——その必要性を否定する人は他の学問の場合と同様に少ないだろう——と（日本）政治思想史との間にあるこのズレは、ではなぜ生じるのだろうか。あるいは、そもそもこのようなズレは生じるべきではないという考え方もありえよう。その場合、筆者を含む日本政治思想史の研究者はこれまで少し野心的に過ぎ、自分たちが本来行う必要がない作業を遂行していたということになるだろう。

そうではない、ともちろん筆者は考えている。確かにこれまで（とりわけ斯学のファウンディング・ファーザーたちは）野心的過ぎたのではないかもしれないとは思うが、筆者を含む日本政治思想史の研究者が、不必要な作業を行ってきたとは考えていない。それは確かに必要だったのだ。

なぜか。その理由の一つは、政治について考えているのは政治学者や政治家だけには限られないからであろう。また、政治学者より政治の方が古い（それもかなり）からであろう。職業的な政治学者が誕生するはるか以前に、さらに言えば大学で政治学が講じられるはるか以前から、政治はこの世界に存在した。政治に関する高度で抽象的な思弁の体系もまた存在したのである。この対象と、それを扱う学問の成立との時間的なラグ——さらには後述するように日本については概念の翻訳といういわば空間的なラグも考慮に入れなければならない——が、政治思想史が狭義の学説史にとどまることができない内在的な理由である。必ずしも職業的な政治学者ではなかったロックやマキャベッリを（筆者としては朱子や徂徠もと言いたいが）扱わないのでは、政治に関する私たちの思考の営みの歴史はあまりに貧相なものになる。（日本）政治思想史家のほとんどは、そして政治学者の一部もそう考え続けてきた。

もちろん、異論はありえよう。貧相で何が悪いのか。（日本）政治思想史に「方法」はあるのか。方法を限定することは対象を限定することである。そして対象を限定することはしばしばつまらないことである。だが、学問とはある意味、そのようなつまらなさに耐えることではないのか（ついでに言えば、経済学や社会学はそうしたつまらなさに立派に耐えているではないか）。「豊饒さ」や「深み」といった言葉でお茶を濁すべきではない。何でも扱える、何でも言えるということは、何も扱えず、何も言えないということと実は同義なのではないか。[2] 面白さと厳密さを天秤にかけるならば、面白さを捨ててでも厳密さを取るのが学者たるものの務めではないか。政治学なかでも（日本）政治思想史はしばしば学問的な厳密さを犠牲にして面白さに逃避してきたディレッタントの巣窟ではなかったのか、等々。[3]

耳に痛いところがある。本書も、方法的な厳密性に欠ける嫌いがあるのではないかと言われれば、胸を張って反論することは難しい。正直に言えば、私を含む政治思想史家の多くは、ただ面白いのである。対象の面白さ、豊かさ、奥深さに深く魅入られてしまっているのである。そして対象をより深く理解し、他の人にも伝えたいと思っているのである（本書がそれに成功していれば幸いである）。他方で、しかし、（日本）政治思想史に全く「方法」がないとは筆者は思わない。以下、少しこの点について述べたい。

（日本）政治思想史家は、過去を扱うという点では、歴史学者である。「過去のある時点で、ある人物が、どこにいたか、何をしたか、それによって何を得たかあるいは失ったのか」という事実を明らかにしようとするのが歴史家の仕事であるとするならば、思想史家も「過去のある時点で、ある人物が、何を言ったか、それによってその人は何をしたのか」という事実を明らかにしようとする。その意味で、私たちの仕事は、仮説検証ではないのはもちろんのこと、体系的ないし規範的な理論の構築でもない。そのほとんどが実は事実発見（fact-finding）と、それら事実間の連関の記述（description）なのである。

ここに言う「事実」を、「思想」と峻別された固いものと考える必要はない。前者のいわゆる「事実」も、その検証の手続きは、通常、文献資史料の解釈を媒介して行われる以上、その厳密性の程度も実は「思想」の場合と、かけ離れているとは言えない。[4] さらには、（時には経験的な「事実」に明らかに反した）フィクションでさえも、その意味では人々に経験された生の事実として、それが歴史の中で果たした機能を正確に記述することは可能であり、必要なことであろう（そしてこのフィクションにも、本書で後に見ることになるように、社会契約のような理論から、神話や明らかな偽史まで大きな幅があろう）。

方法としての歴史という点から見れば、政治史と（日本）政治思想史との距離はとりわけ近い。政治史家が、政治家、官僚、軍人といった政治的アクターが何がしかの政治的目標に到達しようとする際に生じる競争の記述を試みるとき、そのアクターが有する政治的資源のうちで特に理念や言葉というものに着目するならば、その政治史家は政治思想史家とほとんど同様の作業をしていると言えよう。もちろん、（日本）政治思想史家は、政治家や官僚・軍人といったあからさまに政治的な人物よりは、彼ら彼女らがアクセス可能な武器や資源としての「思想」を製造・改造する主体としての学者や知識人の方に多くの注意を払うだろうが、その差は所詮、程度の問題とも言えよう。[5]

ただし、両者の間には根本的な違いもある。（日本）政治思想史に特徴的な点があるとすれば、それは前者においては分析の与件として前提に置かれる諸概念――国家や社会といった概念はもちろんのこと、「政治」なる概念それ自体についても――を、分析の対象として俎上に載せ、歴史的変化の相の下に考察しようとする態度が顕著なことであろう。例えば、十八世紀の儒学者――彼らも疑いなくこの現世の秩序がどうあり、どうあるべきかを真剣に考えていた――と二十世紀の政治家や政治学者とでは、「政治」「政事」「政」として捉えていた事象の範囲は、かなりの程度異なっている。「いかなるものが政治なのか」についての認識が、この間、相当に大きく変化したのである。そして、そのような変化それ自体をいわば「我ら失いし世界」（The World We have lost ）として記述することは、政治史や政治学の将来にとっても価値のあることである、と（日本）政治思想史家は考えているのである（この変化が不可逆的である保証はない。失地はいつの日にか回復されるかもしれないのだから）。

（日本）政治思想史の方法はもちろん、歴史学だけには限られない。現存する秩序についての反省的な、またはありうべき秩序についての高度な思弁をその対象とする以上は、それは哲学や倫理学（あるいは宗教）と多くを共有せざるを得ない。

とりわけ、哲学、なかんずく政治哲学は重要である。「政治とは何か」という問いに対して、「その答えは歴史的に変遷してきた」と応答するのは、究極的にはやはりある種の逃げであろう。[6] その歴史的変遷を記述するに際しても、観察者ないし記述者の側に与件としてある「政治的なるもの」の標準が存在するはずであるし、そのようなものなしには観察も記述もそもそも不可能であろう。「歴史」の立場に徹することは、往々にしてしかし、こうした意識せざる前提を吟味検討することを妨げてしまう。やはり（日本）政治思想史家にとって政治哲学は必要なのである。

また、そもそも過去のある「思想」を理解するということは、その「思想」をいわゆるブラックボックスに見立てて、それが果たした客観的な機能を記述するという作業に尽きるものではないだろう。やはり、箱の中身、その仕組みに習熟することが、さらにはそれを実際に用いた際に人間の心理に生じる現象を追体験することが必要であろう。

この点において、思想は酒のような嗜好性のある毒物によく似ている。例えば、ワインを摂取すると人体にどのような現象が生じるのか。アルコールがもたらす酩酊状態によってどのような社会的帰結が生じうるのか。それらを理解し、それを記述することは有用であろう。だが、ワインの意味を理解し、それを他者に伝えることがこうした作業に尽きると考える人は多くはないだろう。酒一般について、そしてワインの品種のそれぞれ、あるいはそれを生み出す土壌や風土についての詳しい知識とともに、上手にその酩酊状態を楽しんで見せることが優れたワイン評論家の条件であろう。全くの下戸でも、完全な泥酔者でもなく、〈明晰さを維持した酩酊者〉のみがワインの味をその全き深みにおいて他者に伝えることができよう。そして、それはワインを嗜み愛する人々にはもちろん、全く酒を飲めない人々にとっても（人類の文化的経験の大きな部分を占める体験についての知識を提供するという点で）もしかしたら有用なことであろう。優れた（日本）思想史家は、先述した如くワインがもたらす酩酊状態を冷静に記述する医者に似ているとともに、〈酒の味が分かる〉ワイン評論家に似ている必要があるのである。

「酒の味が分かる」とは、この場合で言えば、過去の哲学者の著作について理解するには、やはり哲学の素養（もっと言えばその気質）が、宗教家の著作について理解するには宗教の素養が、儒学者の著作についてはやはり儒学の素養が、ある程度必要不可欠であるということである。もちろん、酒と思想は同じではない。それは、深く理解することそれ自体が、対象に対する何らかの応答であることが思想史においてはまれではないからであろう。すぐれた思想史研究が、同時にある種の思想書として思想研究の対象にもなるというしばしば起こる事態は（本書がそのようであると主張する勇気はさすがにないが）、このようにして可能になる。ワインの比喩を続ければ、究極的にはワインの生産者になる可能性が、政治思想史家にはあるということであろう。

さて、政治思想史の一分野である日本政治思想史について考えるにあたっては、翻訳の問題を逸するわけにはいかない。[7] いままで、「哲学」や「宗教」という言葉を特に注釈なく用いてきた。だが、ここにも先ほど「政治」について考えたのと同じ問題があるのである。ある相当に高度な思弁の体系を内在的に理解し記述するに際して、「哲学」ないし「宗教」という、もともとは philosophy や religion といった西洋語に由来する翻訳語を用いることで、ある種の経路依存的なバイアスを抱え込んでしまうということはないだろうか。プラトンとアリストテレスの著作に付された一連の注釈として理解可能な哲学の伝統にとって、[8] そうした古典を共有しない世界に展開された思弁の体系は、どこまでも疑似・哲学にとどまるのではないか。[9] 一連の預言者たちが残した啓典を共有しない人々によって紡がれた彼岸についての深い思索は、どこまでも疑似・宗教にとどまるのではないか。[10] しかしそれは、いわば鯨尺で作られた着物を、メートル法による物差しで測って「おかしい、ずれている」と呟くようないささか滑稽な事態ではなかろうか。[11]

「西洋」を専ら扱う研究者が往々意識する必要のないこうした困難が、十九世紀後半に起きた「開国」の過程において、ギリシャ・ローマに由来するpoliticsやphilosophyをはじめとした語彙群が翻訳・継受され、さらにそれらが驚くべき速さで浸透し定着したという本邦の体験に由来することは疑いない。新たに流入した語彙と、それ以前から存在した語彙との間には様々な葛藤や緊張関係――その過程では、在来の語彙が「土着」的かつ「伝統」的なものとして表象されることも起こるだろう――が生じた。そしてそうした葛藤や緊張関係はその後の本邦の政治をめぐる思考の営みに特殊な刻印を与えた。

もちろん、これは本邦のみの特殊事例では恐らくない。歴史的偶然により、紀元前のpolisと現代のstateを混同していることにさえ時に気づかないほど、あきれるほどの持続性を有した語彙を用いて政治社会を構成する欧米社会はともかくも、[12]それ以外の世界の大部分にとって「近代」とは、本邦がそうであったような語彙群の上書きの経験であったはずである。[13]

本書所収の論文が主に明治・大正期を対象とするのは、以上のような筆者の有する問題関心の反映である。こうした過程を観察するのに、もっとも適したサンプルがこの時期に収集されると思うからである。したがって本書はn＝1の事例研究であり、第一義的には明治・大正・昭和の日本社会の思想を適切に記述し深く理解することを目指しているが、それは比較に向けて開かれた事例研究である（能力の限界故に手が回らないが[14]）。

以上のような意味で、日本政治思想史は、（純粋な「方法」への再帰が潮流となりつつある昨今、[15]いささか恥ずかしいのだが）学際的かつ境界的な学問なのである。[16]しかし、この方法論的なキメラ性は、その対象（政治、近代日本、アジア）に即したそれなりに合理的な要請があると筆者は考えている。

これまでどちらかと言えば、日本政治思想史についてあまり知らないだろう読者に向けて、「そもそも日本政治思想史とは何だろうか」ということについて書いてきた。特に斬新な説を唱えているつもりはない。それははっきり明示されたことは少なくとも、業界ではある程度すでに共有されてきた暗默知にすぎない。ただし、暗默知をあらためて言葉にしてみることの意義は（研究していると過去の人びとについてよく思うのだが）、それなりに大きいと言えるだろう。

以下、ここからはやや趣を変え、すでにある程度、斯学に予備知識がある人に向けて、それでは本書が他の日本政治思想史の業績に比べていかなる特徴を持っているのかについて説明していきたい。ここでの説明がおよそ唯一の正解であり、今後、日本政治思想史の名を冠する研究はすべて以下の方向で行うべきだ、などと主張するつもりは毛頭ない。ただ、ありうる選択肢の幅を明示し、その組み合わせ方に、筆者が素材を扱う際のいわば癖のようなものが現れている様子を示すことが、本書の理解に資するのではないかと思うからである。

概念を扱うのか、人を扱うのか。政治思想史を記述する際の基本的な問題である。[17] もちろん、対象のほとんどが自然言語である以上、両者を完全に分離するのはもとより無理がある。だが、概念に定位してその相互連関や時系列的な変遷に着目するのと、[18] そうした概念を産み出し改変する個人の言語活動に着目するのとでは、記述の様相が大きく異なってくるのは当然だろう。

本書は、この点では、後者である。つまり、斯学のファウンディング・ファーザーである丸山眞男以来伝統的な、人物を重視した記述のスタイルを採用している。だが、どのような人物に焦点を当てるかという点について、丸山以来の伝統を踏襲するということをそれは意味しない。本書において丸山眞男が、あくまでそれ自身政治思想史の研究対象として扱われ、今なお対峙するべき先行研究として扱われていないのは、[19]以下にも述べるように、この点に関わっている。
丸山は、本書が対象とする明治・大正・昭和の思想史について、専門的に多くを語ることはなかった。政治思想史家としての彼の本領が江戸期の政治思想にあったからである。例外は福澤諭吉である。だが丸山の福澤諭吉研究は、その後の明治・大正・昭和の政治思想史のナラティブを強く規定した。すなわち、日本における或る種の「未完の近代」の具現者として福澤諭吉を扱い、その「精神」継承の系譜としてその後の思想史を描いたり（その最終地点は、往々、丸山に置かれる）、福澤諭吉という頂点との偏差によって同時代やその後の思想家の位置を測り、その高度な達成からの劣化ないし堕落としてその後の思想史を描いたりという態度は、通史的見取り図の下に近代日本の政治思想史を記述しようとする論者には、無論濃淡に差こそあれ、かなりの程度共有されてきたといってよいだろう。[20]
本書はこうしたいわば「福澤諭吉中心史観」（「丸山諭吉」史観？）[21]を採用しない。福澤諭吉の思想の価値を認めないというのではない。福澤を面白く有意義に読むために設定された視角によっては見逃されてしまうことになりがちな他の思想家――福澤に負けず劣らず傑出した知性であった――の個性を浮き彫りにしたいということである。
他方、福澤をはじめとした傑出した知性、あるいは「頂点的思想家」たちを専ら対象とする思想史記述について、批判があることも無論、承知している。[22]だが、そうした批判の有力な担い手だった民衆史家たちには、他方で、「民衆」から遊離したいわゆる「知識人」やエリートを一枚岩的に描き出す傾向がありはしなかっただろうか。

思想史が「エリート」史であることを過剰に恐れる必要はない、と筆者は考えている。難解な書物を読解し、抽象的な概念を操作しつつ、首尾一貫した言論を展開することは、誰にでもできることではない。知識人は紛れもなく知的なエリートであろう（はたして同時代の一体何人が百年後に読まれうるようなテクストを生産できるだろうか）[23]。だが、そうした知的な卓越が、財産や権力や名声といった他の資源に換算できるかどうかは個々人の気質や性向をはじめとした様々な条件に依存している（ここで地位の非一貫性というジャーゴンを思い出すのも一興である）。経済的エリート、軍事的エリート、政治的エリート、知的エリート。エリートそれ自体が多元的な存在である。さらに、知的なエリートの中にも様々な断絶や亀裂が生じうる。本書が描くのは、その知的エリートの多元的なありようなのである。

一人の「頂点」が他の論者を論破し、またもう一人の「頂点」にその「道統」が受け継がれ、全体として議論が前進していく。そうした知の進歩史観――あるいはその裏返しとしての堕落史観――を本書は採用しない。本書が目指すのは、福澤とその時代について言えば、福澤と他の知識人との間に生じた論争的関係をフェアに記述することを目指した、「尊敬すべき敵」として福澤を位置付ける思想史記述である。通史的な見通しについて言えば、本書が提供することを目指しているのは、時代を通貫するトンネル史観ではなく、各時代に埋まる鉱脈を探査するボーリング史観である。

「いかなる人を扱うか」「いかなる人に焦点を当てるか」という点に本書の特徴があることを右に見てきた。だが、本書の特徴はそれのみには止まらない。「その人をどのように扱うか」という点でも、本書は丸山以来の伝統を必ずしも墨守してはいない。

例えば、福澤諭吉について丸山が特に注目し、力を込めて分析しようと試みたのはその「思惟様式」あるいは「思惟範型」であった。[24] これに対して、本書が主に意を払うのは思想家の秩序観や秩序構想あるいは歴史叙述に現れたそれらである。[25]

思惟様式か秩序構想か。人間論か制度論かと言い直してみてもほぼ同じことなのだが、もちろん両者の関係は二律背反ではない。そうクリアに割り切れるものでもない。最良の思想史記述は両者の葛藤や緊張、逆説や内的連関を上手に救い上げてきたというのが実相だろう。だから、これはあくまでバランスの問題であり、重点の置き方の問題であり、また対象にふさわしい方法の選択の問題である。ホッブズやロックやルソー、あるいは朱子や徂徠について分析するに際しては、なるほどその人間本性論や自然状態論、あるいは「理」や「気」もしくは「気質」や「人情」についての彼らの精緻な分析と彼らの政治体制論との連関を探るという作業が確かに必要だったであろう。福澤についても、その状況的思考法という「思惟様式」を剔抉することによって、時々刻々と変動する状況に対して戦術的な対応に終始したかに見える福沢の主張を、一貫した「政治思想」として構成することに丸山が成功したのは確かであろう。

だが、以上のような「思惟様式」の基底性とでもいうべき態度が政治思想史研究において長く共有されてきたことが、かかる側面には（少なくとも明示的には）意を払わない思想家を「人間論の深みがない二流の思想家」として貶視する傾向を、また一流であれ二流であれ、思想家が残した歴史叙述を政治思想的な作品としては視野の外に置く傾向を、助長してきたということはないだろうか。とりわけ、明治・大正・昭和期の思想家についてこうした危険性は大きい。他の点では多くの魅力をたたえた「政治」思想家を不当に軽視する結果を招く。本書が「封建」「郡県」「政体」といった制度的概念に着目し、また偽史を含む歴史叙述の問題に注目するのはこのためである。

以上とは関連しつつも一応独立した問題として、思想史を記述する際には「入力」を重視するか、「出力」を重視するかという選択肢が現れるように思う。ここで「入力」とは「その思想家が、何を読み、それをどのように解釈したのか」に関わり、「出力」とは「その思想家が、何を主張し、それによって何をしたか」に関わるものとさしあたり定義できよう。これらもまた、最良の思想史研究においては、二つながらに必要であることは言を俟たない。さらに言えば、思想が真空から生まれることはない（すべての点で全く新しい言語などというものがそもそも自然言語として意味をなさない）[26]思想史研究において基底的なのは前者であるかもしれない。かつ、それが往々文献学的に精緻な手続きを要求するがゆえに、実証的に高いレベルを維持できるのも、前者の「入力」の側面に焦点を合わせた研究の方であると言えるのかもしれない。だが、本書は意識的に後者の「出力」の側面に焦点を合わせてきた。

なぜ、「出力」を重視するのか。一つには、そうした傾向の研究がいまだに多くはないと考えるからである。[27]二つには、「入力」の偏重が、とりわけ近代日本の政治思想史研究における以下のような傾向を助長してきたのではないかと考えるからである。それは「西洋近代」における「普遍的」な政治思想（あるいは、さすがに少なくなってきたが、必然的な世界史的法則）を、近代日本の知識人がどれくらい理解・体得できたのか（あるいはできなかったのか）という観点から思想史を記述しようとする態度である。この手の思想史叙述は往々にして採点の様相を呈する。記述者は、すでに正解を知っているという立場から、過去の思想家について「これこれの点についてはは理解していたが、しかじかの点についてはは理解できておらず、この点でこの人物の思想には歴史的な限界があった」といった調子で講評を下すのである。

本書の筆者は、正解を知らない。「この社会がどうあるべきか」について確乎として体系的な答え（そうした「答え」を「政治思想史」に求める人がいまだに跡を絶たないことは承知している）を筆者は持ち得ていない。ただ、ある概念やそれらの概念群によって構成される問題について、過去の人々がどのように答えたのか、またそのことによって当時の言論空間さらには現実の社会にいかなる影響を与えたのか（あるいは与えようと試みたのか）をなるべく正確に再現したいと考えているのである。

結局のところ、要するにそれは言葉遣いの問題にすぎないのではないか、という疑問はあり得よう。大事なのは、概念や問題を整理することではなく（また、解釈することではなく）、世界を実際に良くすること、あるいは実際に良くすることは困難だとしても、その「良さ」の基準、どのような社会が良い社会の名に値するのか、その基準を提供することなのだ、と。

こうした疑問は正しい。本書は、要するに言葉遣いを問題にしているのである。そして、世界を実際に良くすること、あるいは「良き社会」のヴィジョンについて論じることの方が大事であることについても異論はない。

だが、言葉遣いの問題も大事なのである。筆者は、いわゆる「政治哲学の復権」を牽引したJ・ロールズの『正義論』が乗り越えたとされる、[28] T・D・ウェルドンの『政治の論理』――たしかにそれは政治的諸概念の「交通整理」に終始する――に私淑するものである。たとえ、正義の原理や構想を直接導かないとしても、政治的諸概念の「交通整理」は、それらが認識象徴でありながらも同時に組織象徴であるという性質そのものによって、政治体制にとって有用である。[29] 否、むしろその混乱が有害である。概念や言葉の混乱は、確かに政治体制の混乱の兆候の一つである。概念や言葉の整理が、直ちに「良き社会」の実現に役立つことはないにしても、暴政や専制や革命は往々にして、言語の混乱として現れる。

こうして次々と諸都市の政情が内乱と化していくと……やがては、言葉すら本来それが意味するとされていた対象を改め、それを用いる人の行動に即してべつの意味をもつこととなった。例えば、無遠慮な暴勇が、愛党的な勇気と呼ばれるようになり、これに対して、先を見通して躊うことは臆病者のかくれみの、と思われた。沈着とは卑怯者の口実、万事を解するとは万事につけて無為無策に他ならず、逆にきまぐれな知謀こそ男らしさを増すものとされ、安全を期し策をめぐらすといえば、これは耳ざわりのよい断り文句だと思われた。また、不平論者こそ当座の信頼に足る人間とされ、これに反論する者には疑惑がむけられた。陰謀どおりに事を遂げれば知恵者、その裏をかけば益々冴えた頭と言われた……そして遂には肉親のつながりも、党派のつながりに比すればものの数ではなくなった。党派のためとあれば、仲間は理由を問わず行動に走ったからである。

（トゥーキュディデース『戦史』久保正彰訳、岩波文庫、中巻）

このトゥーキュディデースの意見に、やはりその生涯のほとんどを戦乱の時代のうちに過ごした孔子もまた賛成するであろう。「正名」（論語・子路）は、単に倫理的な命題ではなく、政治秩序の基礎として重要なのである。先に述べたような、語彙の「上書き」の過程を繰り返した本邦においては、概念とそれが指し示す事柄との間の混乱が、甚だしいものであったことは見やすい。それだけに「交通整理」の必要もまた大きいのである。[30]

そして第二に、それは、「どのような社会が望ましいか」という我々（その範囲は政治学者に限られないことはすでに述べた）の政治的議論を豊かにするために重要であろう。「思想史は問題を解決しない。しかし、議論のレヴェルを上げることは出来る」（A・O・ハーシュマン『情念の政治経済学』）。過去の課題やそれに対して出された回答が現代に住む我々の役に立つとは限らない。しかし、役に立つかどうかは、それについて知った後でなければ分からないだろう。当面は役に立たないことを知るのも、それは一つの前進なのである。そして過去について無知なままに「白紙から」議論をしていると思い込んでいる人々が客観的に見れば無残なまでに過去に囚われ、使い古されたクリシェを繰り返すというのも、これまた思想史上頻出の事態なのである。そしてこれまたとりわけ、本邦においてそうなのである。日本における「思想史」の「伝統」の欠如については、やはり最後にこの人のよく知られた言を聴こう。

ある時代にはなばなしく行われた論争が、共有財産となって、次の時代に受け継がれてゆくということはきわめて稀である。自由論にしても、文学の芸術性と政治性にしても、知識人論にしても、歴史の本質論にしても、同じような問題の立て方がある時間的間隔をおいて、くりかえし論壇のテーマになっているのである。思想的論争にはむろん本来絶対的な結末はないけれども、日本の論争の多くはこれだけの問題は解明もしくは整理され、これから先の問題が残されているというけじめがいっこうはっきりしないままに立ち消えになってゆく。

（丸山眞男「日本の思想」、岩波講座『現代思想』第一一巻、一九五七年）

「すべての思想的立場がそれとの関係で――否定を通じてでも――自己を歴史的に位置づけるような中核あるいは座標軸に当る思想的伝統」（同）が、丸山が嘆いたように、本邦にいまだに不在であるとは言うまい。丸山の業績それ自身が、今やある意味で、「否定を通じてでも」自己を位置付ける「伝統」であろう。そしてこの命題が妥当するかどうかは、究極的には未来に開かれた問題であろう。本書が、この日本で政治について考え、議論したい人の助けになれば幸いである。

註

（1）「国体明徴」運動に端を発する「講座」としての日本（東洋）政治思想史成立についての歴史的な説明としては平石直昭「政治思想」『日本思想史講座　方法』第五巻、ぺりかん社、二〇一六年。「精神史」や「ヒストリー・オブ・アイデア」等との距離感につき、丸山眞男「思想史の考え方について――類型・範囲・対象――」（一九六一年）『丸山眞男集』第九巻、また「思想史の方法を模索して――一つの回想――」（一九七八年）『丸山眞男集』第一〇巻。もちろん、「思想史」の方法についての反省は丸山に始まるものではない。例えば村岡典嗣の die Geschitserkenntnis des Erkannten としての Philologie についての精細な考察を見よ。同「日本思想史研究序論」（一九二七年）『日本思想史概説――日本思想史研究Ⅳ』創文社、一九六一年。

（2）久米郁男『原因を推論する――政治分析方法論のすすめ』有斐閣、二〇一三年、第二章。

（3）例えば大嶽秀夫『戦後政治と政治学』東京大学出版会、一九九四年。日本における「実証」的な政治学の立ち上げに当たり、丸山を槍玉にあげなくてはいけなかった事情は分からないではないが、丸山のためにあえて一言すれば、丸山の一連の「政治評論」はそれ自体として本人によってあくまで「夜店」と位置付けられており、丸山自身が「政治思想史」を「政治学」の方法の中心に据えるべきだと主張したことは一度もない点には注意が必要であろう。

（4）R.G. Collingwood, *The Idea of History*, Oxford University Press, 1993, chap. I.

（5）クエンティン・スキナー『思想史とは何か』岩波書店、一九九〇年。三谷太一郎の吉野作造他一連の知識人論、北岡伸一の清沢洌論、御厨貴の馬場恒吾論、酒井哲哉の一連の論考は、この例であろう。筆者はこれらの著作をまさに政治思想史として読んだ。

（6）Leo Strauss, *What is Political Philosophy?*, Chicago University Press, 1959, chap. I.

（7）丸山眞男・加藤周一『翻訳と日本の近代』岩波新書、一九九八年。

（8）A. O. Lovejoy, *The Great Chain of Being*, Harvard University Press, 2009.

（9）中島隆博『ヒューマニティーズ　哲学』岩波書店、二〇〇九年。

（10）磯前順一・タラル・アサド編『宗教を語りなおす――近代的カテゴリーの再考』みすず書房、二〇〇六年。

（11）もちろん、こうした事態は「西洋」と「東洋」、「西洋」と「日本」の間においてのみ起こるというのではない。例えば、江戸期の政治思想を、本場「中国」のそれの偏差としてのみ把握しようとする態度も同様に滑稽であろう。高山大毅『近世日本の「礼楽」と「修辞」』東京大学出版会、二〇一六年、二〇頁。

（12）福田歓一「思想史の中の国家」『福田歓一著作集』第四巻、岩波書店、一九九八年。

（13）もちろんこれが最初の上書き体験であったというのではない。江戸期における儒学の本格的な受容が、儒学的なカテゴリーによって、そうしたカテゴリーによっては上手く包摂できるかどうか必ずしも自明ではない本邦の現実を解釈するという意味において、同種の作業と言えた。渡辺浩『近世日本社会と宋学』東京大学出版会、二〇一〇年。

（14）近年の「実証」的政治学研究が適切な「因果推論」の条件に議論を集中させ、事例研究の「発見的作用」を等閑視してきたのではないかという問いかけにつき前田健太郎「事例研究における根本的な原因の発見」『国家学会雑誌』第一二九巻第一・二号、二〇一六年、「事例研究の発見的作用」『法学会雑誌』第五四巻一号、二〇一三年参照。

（15）井上彰・田村哲樹『政治理論とは何か』風行社、二〇一四年。

（16）高山大毅は「日本思想史」における「方法」の混在状態を「入会地」に喩える。「政治」がここに加わることはその性格を増しこそすれ減ずることはないだろう。『日本思想史学』第四八号、二〇一六年、二四頁。

（17）もちろん空間や建築も「政治思想」を時に帯びる。原武史『団地の空間政治学』ＮＨＫ出版、二〇一二年、御厨貴『権力の館を歩く――建築空間の政治学』ちくま文庫、二〇一三年、御厨貴・井上章一編『建築と権力のダイナミズム』岩波書店、二〇一五年。また、儀礼や演劇、ある種のマス・ゲームやページェントが帯びる象徴の権力的作用についても日本政治思想史の対象となりうる。渡辺浩「「御威光」と象徴――徳川政治体制の一側面」『東アジアの王権と思想』東京大学出版会、一九九七年、原武史『可視化された帝国――近代日本の行幸啓〔増補版〕』みすず書房、二〇一一年。

(18) ここで概念史について触れる用意はない。さしあたり Melvin Richter, *The History of Political and Social Concepts: A Critical Introduction*, Oxford University Press, 1995.

(19) 丸山が専門的に扱った分野につき、例えば江戸期については渡辺浩の一連の業績を、福澤については松澤弘陽、陸について松田宏一郎の一連の業績をそれぞれ参照せず、丸山の議論をそのまま蒸し返すような研究は、すくなくとも日本政治思想史の業績としては、ほぼ無価値であろう。

(20) この点は、「座談会：日本における日本政治思想研究の現状と課題」『政治思想研究』(第二号、二〇〇二年)における苅部直発言を参照のこと。

(21) このように言うことは無論、例えば安川寿之輔の立場に与することを意味しない。「丸山諭吉」批判は、安川のそれとは全く別の次元でなされるべきである。

(22) そうした批判の最良の部分としては例えば安丸良夫『現代日本思想論――歴史意識とイデオロギー』岩波現代文庫、二〇一二年。

(23) J.G.A. Pocock「政治言説史と言語の政治学――メリーランド大学講義」引田隆也訳、『みすず』一九九四年九月号、一六頁。

(24) 丸山眞男「福沢諭吉の儒教批判」(一九四二年)、「福沢に於ける秩序と人間」(一九四三年)以上『丸山眞男集』第二巻、「福沢に於ける「実学」の転回――福沢諭吉の哲学研究序説」(一九四七年)、「福沢諭吉の哲学」(一九四七年)以上『丸山眞男集』第三巻所収、またかかる「思惟様式」への着目につき、丸山が方法的に自覚していたことについては「思想史の方法を模索して――一つの回想――」(一九七八年)『丸山眞男集』第一〇巻。

(25) 「秩序観」への着目につき、研究史に大きなインパクトを与えたのは坂本多加雄『市場・道徳・秩序』(創文社、一九九一年)である。坂本自身は、「思惟様式」論と「秩序観」の緊張関係に着目するという意味で両義的なスタンスを取っていたと思われるが、研究史の上ではやはりある種の画期であった。この点につき前掲座談会の苅部発言を再び参照せよ。

(26) J.G.A. Pocock「政治言説史と言語の政治学――メリーランド大学講義」引田隆也訳、三四、三五頁。

(27) 例えば宮村治雄、松田宏一郎の一連の業績はこの「入力」型の傑作と評することもできよう。しかもこれらの諸研究は、本文以下に見るような「西洋」を一枚岩に見るという欠点からも免れている。

(28) 例えば松元雅和『応用政治哲学――方法論の探究』風行社、二〇一五年、第二章。但し、「分析から規範へ」という潮流の中にロールズを置く見方には異論もある。井上彰「分析政治哲学とその擁護」前掲『政治理論とは何か』所収。

(29) 永井陽之助『政治意識の研究』岩波書店、一九七一年、第一章。確かに丸山は「政治思想史」を方法的に政治学の中心に据えようとしたことは一度もない。だが他方で、丸山の「政治の世界」に端を発し、サイバネティクス理論を媒介として、岡義達や京極純一、永井陽之助に至る権力と象徴の循環過程として政治の全体を描こうとする試みをどのように位置づけるべきかは、現代日本の政治学史を考えるうえでは重要であろう。

(30) この混乱と「カセット効果」(柳父章)の強さこそ、柳田國男の「新国学」から和辻哲郎、神島二郎に至るまで、本邦固有の語彙によって政治を把握しようとする動きが一方で絶えない理由であろう。

Ⅰ　眩しい光の傍らで

第一章　「演説」と「翻訳」――「翻訳会議の社」としての明六社構想

ソクラテス　それなら、その弁論術というのは、およそ存在するもののうちの何に関する技術なのですか。

プラトン『ゴルギアス』加来彰俊訳

一　明六社と「演説」の時代

「演説」の風景

長谷川如是閑は、当時特派員として派遣されていたロンドン、ハイド・パークの光景について、次のように書いている。

土曜日の晩などは、草原の前の広い歩道に沿うて三、四箇所もビール箱を積んだり卓子を据えたりして演壇をしつらえ、無名のリフォーマーがあちらでもこちらでも雄弁を振るっている。昼は餓眠を貪っているいわゆる謹直《ホネスト》なる労働者《ウォークメン》は、その時になると、いずれも枕としている隣の奴の向こう臑を蹴って起ち、この演壇の四方に蝟集して、減腹《すきはら》の苦痛も忘れて、眼を輝かして、腕を扼して悲憤慷慨する。
（「咄、ハイド・パーク」）

時は一九一一年。三年後に勃発する世界大戦後の世界からは「古き良き長い十九世紀」として回顧される大英帝国の穏やかな黄昏の中にあって、如是閑の目は、下院の優越を定める議会法制定に揺れるウェストミンスター宮殿に注がれていた。だが、議会の外側に別種の議場が存在することを如是閑は見逃さない。例えばそれがハイド・パークだった。あちらこちらで「大道政治家《ストリートポリチシアン》」が即席の壇上を作り、得意の雄弁を振るっている。壇上を降りた後も弁士は、聴衆たちと立ち混じり「あちらで一塊り、こちらで一塊り、口角泡を飛ばして論じ合」っている。こうした光景を如是閑は、「かくの如き露天の政治教育」が、「英吉利の平民の性格を作る重大なる手段となっている」と評する。だが興味深いのは、一連の筆致が、聴衆の「江戸っ児なら「篦棒め」「ヒョットコ野郎」の類、大阪っ児なら「阿保ぬかせ」「すかたん野郎」という類の、ちょっと外国人には通用しかねる罵声」や、それに対する演説者の対応、また、こうした騒ぎを遠巻きにしてそれに干渉しようとしない軍人や巡査の姿といった、事象の全体を俯瞰する視点を基調としていることである。活発な演説や討議の存在そのものが、取り立ててクローズ・アップされているというわけではないのである。

断定よりはほのめかしを、正面きっての攻撃よりは搦め手からのアイロニーを好む如是閑独特の書きぶりではあろう。また、幼少より書物を通して英国に親しんだ如是閑にとってみれば、こうした「英吉利の平民の性格」は、すでに既知のものであり、改めて強調するほどのものではなかったのかも知れない。だがそうした事情に加え、活発に論じ合う人々の姿それ自体は、日本でもすでにお馴染みのものであったという事情もあったのではないか。
現代日本の政治文化において「演説」が重要な位置を占めているとは、お世辞にも言えまい。だが、明治八年生まれの如是閑と、彼が想定する読者にとっては、演説し、活発に討議し合う人々の姿は決して珍しいものではなかった。明治三十二（一八九九・光緒二十五）年、梁啓超は明治日本について清朝中国と比較して、次のように書いている。

今日凡有集合、無不演説者、雖至数人相集讌飲、亦必有起演者。斯実助文明進化一大力。我中国近年以来、於学校報紙之利益、多有知之者。於演説之利益、則知者極鮮。（梁啓超「伝播文明三利器」）

「文明三利器」として彼があげるのは「学校」「報紙（新聞紙）」「演説」の三つである。このうち「学校」「報紙」ならば清朝にもすでにある。だが、日本におけるような「演説」の文化がない。梁啓超は、「凡有集合、無不演説者、雖至数人相集讌飲、亦必有起演者」という明治日本の姿に衝撃を受け、日清戦争敗北の原因の一つをここに求めたのである。
事実、人々は盛んに演説した。その巧拙は批評の対象となり、番付も盛んに作られた。(1) 大人だけではない。徳富蘇峰が主宰した大江義塾に溢れていた「演説熱」について、当時数え年で十三歳だった宮崎滔天は回想する。

しかりしかして余はなお一つの驚くべき事を見たり、そは毎土曜における演説会の光景なり、塾生中の年長者は言うに及ばず、十二三の鼻垂坊に至るまで演壇の弁士たることとなり、弁士たるなお可なり、その滔々の弁や実に驚かざるを得ざりき、滔々の弁もなお可なり、そのロペスピエールやダントンを説き、ワシントンやクロンウェルを引き、コブデンやブライトを論じ、手を振り眉を動かして弁じ去り弁じ来るところ、実によく先天的自由民権家〔宮崎自身のこと〕をして顔色なからしむ。(『三十三年の夢』)

明治十五年、肥後熊本でのことである。ほぼ同時期、同様に「十二三の鼻垂坊」であった土佐の田岡嶺雲は、やはり「当時の青年に一種の必習課程」であった「雄弁法」の鍛錬に励んでいた。「演説者の中の最年少者（十三歳）で、演壇に立てば首のみが卓上の上に出てゐる許りの歳頃」であるにもかかわらず、「聞き覚えに覚えてゐた「三尺の童子も亦之を知る」といふ語を、得意になつて述べ立」て、「壇を下りてから他の人々から自分が三尺の童子ぢやないかといつて散々に冷評された」こともあったという（『数奇伝』）。訥弁を自他ともに認める田岡である。その彼すら当時は「演説熱」の流行に浮かされていたというのである。

男性だけではない。岸田俊、景山英、清水とよといった女性たちも雄弁をふるった。女性の「演説」する姿をそのクライマックスにあてる「女子演説小説」が陸続と現れ（関口すみ子「演説する女たち（その3）」）、実際にもこうした「活発の婦人」「開化の令嬢」のために『婦人演説指南』（明治二十年）まで刊行されるに至る。無論、冷罵され、揶揄されもした。「何しろ余り舌の滑べる者はお尻も軽くなるから」との忠告（?）さえ現れた（宮武外骨『日本演説史』所収の『広益問答新聞』より）。それでも彼女らはひるまなかった。明治二十三年七月公布の集会及政社法第二十五条において、「女子」の「政談集会」への参加が一律に禁止されるまで、「女性が、より正確に言えば「女子演説」が、「政治」の最前線に」いたのである（関口すみ子

「演説する女たち（その1）」）。

「演説」と「合議」

明治の政治文化を特徴付ける「演説」の流行。仕掛け人は、梁啓超も気づいていたように、福澤諭吉である（「日本演説之風、創於福澤諭吉氏」）。明六社は、その最初の舞台の一つであった。福澤はspeechの訳語として、（従来、「願」や「届」とは区別された上で使われてきた「演舌」の語を生かして）「演説」の語を発明し、また明六社の会合で実演もしてみせた。その見事なできばえは、日本語における「演説」の可能性に懐疑的（「演説の一事に付ては何れも半信半疑」）だった他の参加者を説得するに足るものだった。

> 頃は丁度台湾征討の時にて、何か其事に付き議論らしきことをぺらぺら饒舌り続けに三十分か一時間ばかり退屈させぬやうに弁じ終りて椅子に就き、扨今の僕の説は諸君に聞き取りが出来たか如何にと問へば、皆々能く分かったと云ふにぞ、ソリャ見たことか、日本語で演説が叶はぬとは無稽の妄信に非ざれば臆病者の遁辞なり、今僕の弁じたるは日本語にして、僕一人の弁じたる所の言葉が諸君の耳に入て意味が分かれば即ち演説に非ずして何ぞや。
>
> （福澤諭吉『福澤全集緒言』）

「演説」は以来明六社で盛んに行われ、さらに後には一般に公開され、明六社最大の呼び物となった（大久保利謙『明六社』四二─四四頁）。その意味で福澤が、明六社を三田演説会と並ぶ「演説」実践と普及の場にすることには成功したのは確かである（松崎欣一『語り手としての福澤諭吉』）。

「演説」結社としての明六社。福澤が目指したこの方向に惹きつけられつつも、疑問を抱いていたものもいた。例えば、その「演説」を「一声聴けばあくび三度三声聴けば頭痛がしてあげくの果に眠くなる」とまで酷評された、[2] 文政五（一八二二）年生まれの儒学者阪谷素である。なにしろ、すでに彼の歯は「壮年のころより痛みつめて無」かった（阪谷素「民選議院変則論」、『明六雑誌』第二七号）。そんな彼の「演説」は、颯爽たる福澤のそれに比べれば随分と見劣りがしたことだろう。

それは単なる負け惜しみではなかった。また、福澤等「洋学」者への反発でもなかった。なにしろ、阪谷自身が明六社中おそらく最も熱心な「演説」者であった。単に新規な流行に乗せられた訳ではない。儒学者である彼は、古今東西にわたり普遍的に妥当するはずの「道」の実在を信じていた。そしてそうした「道」を求める手段としては、「合議」という方法にとりわけ信頼を置いていた。明六社とは、阪谷にとって、そうした「合議」の場の一つだった。「演説」は、それが新奇な舶来者だからではなく、この「合議」のために必要不可欠の手段だからこそなされるべきである。彼は、おそらく一度は、そう確信したからこそ、口さがない世間の声にもめげることなく、「演説」を続けたのである。

それでも彼は考え続けた。「演説」は、「合議」「会議」といかなる関係に立つのか。「演説」はよき「合議」や「会議」の実現（「公論」）のために最も適した方法なのだろうか。「演説」に魅了された儒者は、同時に「演説」の意味についても考え続ける儒者であった。熟慮の末、彼が出した結論は、福澤とは異なる。彼は「演説」の実践・普及の場として明六社があることに異を唱えた。そして、後に見るように、福澤とは異なる「政治」秩序のヴィジョンを構想するに至ったのである。

阪谷の代替案は「翻訳」である。後に見るように、彼はその未発表原稿「翻訳文字合議説」において、「翻訳会〔合〕議の社」として明六社を作り替えることを提案していた。「翻訳」。それこそが彼の見るところ、「合議」「会議」の場としてあるべきはずの明六社に最もふさわしい作業であった。なぜ、「翻訳」なのか。そしてなぜ、「合議」「会議」にとって「翻訳」が不可欠なのか。また、「翻説」はどのようにして「政治」のヴィジョンと関わるのか。

二　「演説」の隘路

演説の陥穽

「演説」の何が問題なのだろうか。福澤は、「人がその心に思ふ所を口に述べて公衆に告」げる方法として「演説」(speech)を捉え、その技法の習熟と洗練を図った。そうした意味での「演説」は確かに、よき「合議」や「討議」の不可欠の前提ではあろう。だが、手段としてあったはずの「演説」がそれ自体として流行することは、ともすれば、その当初の目的を見失わせることにもなったのではないか。自らの立場を宣伝し、聴衆を「籠絡」し、〈説得を作り出す〉ことを目指す技術としての雄弁[3]は、互いの意見に耳を傾け、それぞれの臆見を修正しながら真理や合意へと到達する妨げにもなるであろう。

もちろん、福澤が話し手から聞き手への一方通行な雄弁術を推奨していたわけではない。それどころか福澤にとって「演説」とは、例えば同時代にこだましていたであろう教導職の説教や(宮地正人『天皇制の政治史的研究』一一〇―一四九頁)、皮相な「文明開化」の風俗についての啓蒙に対する対抗策であったのだろう。「演説にて有益なる事柄を聞くは、固より利益なれども、この外に言葉の流暢活潑を得るの利益は、演説者も聴聞者も共にする所」（『学問のすすめ』第十七編）である。「演説」は、聞き手のみならず話し手の自己変容を促す仕掛けであると福澤は考えていた。それは「独立」した個々人が互いに「活発」に交際するためのツールなのであり、教化・啓蒙の道具というよりはむしろ社交のメディアなのである。

また、「演説」はそれ自体が目的ではなく、あくまでも「合議」や「討論」の充実が最終的な目的であるという意識を、福澤は保持していた。「日本にては昔の時代より、物事の相談に付き人の集りて話をするとき、其談話に体裁なくして兎角何事もまとまりかね、学者の議論も商売の相談も、政府の評議も市在の申し合せも、一として正しき談話の体裁を備へ明に決着を為したることなし」という問題意識に発した『会議辨』（明治七年）が、明六社や三田演説会の開始とほぼ同時期に執筆されていたという事実は、「演説」の技法の習熟と、「集会談話の体裁」の「調練」を目的とした「会議」の実践との間に、戦略的な連関をうかがわせるに足りるであろう（宮村治雄「『御誓文』と『会議弁』の間」）。

とはいえやはり、自己宣伝や雄弁と、「演説」との区別は、時に曖昧である。福澤の「交際」のすすめが、ややともすれば軽薄で皮相な世渡り術に堕する危険が存することには、福澤自身も自覚的であった。また、福澤のもともとの意図はともかくも、「演説」の流行は、そうした境界線を曖昧なものにするのに一役買ったであろう。いわゆる自由民権運動の興隆とともに、各地に頻々として開かれた政治運動としての演説会について、その「害用」が指摘されるのは、したがって、偶然とはいえない。

博識雄弁ナル福翁其人ノ如キハ是レ利用ヲ全フスル者ナリト雖モ如斯人ハ千百中ノ一二ニシテ余ハ皆ナ平々凡々以下ノ人ノミ〔、〕即チ万国史一巻ヲ読ミ新聞社説ヲ半解スルヲ得ル者ハ傲然演説ニ従事シ其状ハ宛モ群魚ノ鰓々然タルガ如シ〔…〕是レ所謂害用ニ属セズシテ何ゾヤ〔…〕姑ク其演説スル所ヲ聞クニ唯ダ空理空論ニ渉リ更ニ時勢ノ如何ヲモ顧ミズ漫リニ英米ノ実事ト唱ヘ来リ夢中ニ夢ヲ説キ空中ニ空ヲ談ジ其理ヲ捕フ可ラザル風ノ如ク屁ノ如シ〔…〕其無用ノ弁論タル以テ知ルベキノミ。

北目徴「今日流行ノ演説ヲシテ利用ニ就カシメザルベカラズ」『近事評論』第一八八号、明治十二年四月十三日

福澤ほどの「博識」を有しない半可通による「空理空論」が、それでも聴衆の喝采を浴び得るとすれば、それは話術の巧みさのしからしむるところにほかならない。いわゆる民権論者だけではない。「ランプ亡国論」で名をはせた佐田介石の「説教演説」も、その荒唐無稽な内容にもかかわらず、七万人もの聴衆を集め、その中には「涙をこぼして難有がる者」がいたという(『東京日日新聞』明治十五年一月十三日、三月二十九日。大濱徹也『明治キリスト教会史の研究』八六―八七頁、中野目徹『政教社の研究』一〇一頁)。「演説会の流行」について「新を競ひ奇に走りて彼講釈師落語家の流にひとしからむ」(『東京絵入新聞』第一一二六号、明治十二年三月十八日)と慨歎されるのもこうした事情では無理もないであろう。

明六社同人の中で、「演説」のこの「害用」に気付いていたものは阪谷だけではなかった。当初、福澤の「演説」構想の頑強な反対者だったと伝えられる森有礼はその一人である。森は、明六社一周年の記念演説で、「昨冬来社会演説の法起てより、ようやくソサエチーの体裁を得るに至れり」としつつ、「しかれどもいまだこれを聴くの後、就て討論・批評するの段に至らず」と、「討論」「批評」の不在を指摘する。ここで森自身は原因を、演説中での漢字の多用に専ら帰しているが、問題はむしろ明六社の活動における「演説」の位置

付けそのものにあることを森自身自覚していたと見るべきだろう（森有礼「明六社第一年回役員改選に付演説」、『明六雑誌』第三〇号）。

当時すでに「明六社の演説は落咄家の高座に登るに似たり、洋洋社談は真に学者の集会に似たり」（『朝野新聞』明治八年六月十三日）との評がある。『洋々辻談』という学術雑誌を活動の中心に据える洋々社と比べて明六社の呼び物である「演説」が「落咄家の高座」に喩えられ、皮肉られているのである。そして確かに福澤もその巧みな話術の秘密を、「密に講談師松林伯圓[4]に就て其の弁を学ぶ、此に於て其の弁流るるが如く巧に滑稽を挿み言語平易にして事理燦然」と推測されているのである（高瀬松吉編『明治英名伝』五三頁）。真偽のほどはともかく、なるほどさもありなんと当時の人々が得心したとすれば、それは福澤の「演説」のスタイルについて彼ら彼女らが抱いた印象を何程かは伝えていよう。また、そうであってみれば、かつて「演説」に励んだ宮崎滔天が、「三十三年の夢」が破れし後、「浪花節語り」に転身したのも、いわば「芸が身を助け」た例と言える[5]（「演説」は「演歌」の語源である）。自由党員だった伊藤仁太郎は、板垣退助から講談師の鑑札を取るように勧められたという[6]（伊藤痴遊『国会開設政党秘話』）。それは無論、取り締まりの目をかいくぐるためのカモフラージュでもあったのだろうが、「そのころの演説家の雄弁が、相当、芸能化していたこと」もまた確かであろう（花田清輝「桃中軒雲右衛門」）。むしろ江戸期から続くそうした芸能の伝統が分厚く存在したからこそ、「演説」の盛行もまた可能だったのであろう（兵藤裕己「明治のパフォーマンス」）。そして、そうした伝統のもつ特徴の一つが、「聴衆をある無垢《ナイーブ》で亀裂のない心性の共同体《ユニゾン》へからめとる」ことに存するのだとすれば（兵藤裕己『〈声〉の国民国家』）、それは「討議」「合議」よりもむしろ「教化」の道具にこそふさわしいだろう。この道における福澤の「師」とも目された講談師松林伯圓は、教部省の「教導」政策のお先棒を担ぎ、「諸新聞の中緊要の箇条」と併せて、「菊池容斎の著せし前賢故実並忠臣孝子の列伝を講釈」してもいた（『新聞雑誌』第一二〇号、明治六年七月。小川原正道『大教院の研究』一二九―一三〇頁）。

聴衆を魅了する福澤は、確かに見事な「演説」家であったのだろう。だが彼は、よき「討論」者であったのかどうか。とりわけ阪谷にとって問題はそこにあった。それはまた二つの緊張をはらむ「討論」観の問題でもある。福澤にとって「討論」とは debate のことであった（「慶應義塾紀事」『交詢雑誌』第三二四号）。

仮令ひ議論すればとて面白い議論のみをして、例へば赤穂義士の問題が出て義士は果たして義士なるか不義士なるかと議論が始まる、スルト私はどちらでも宜しい、義不義、口の先きで自由自在、君が義士と云へば僕は不義士にする　君が不義士と云へば僕は義士にして見せやうサァ来い幾度来ても苦くないと云て　敵に為り味方に為り散々論じて勝たり負けたりするのが面白いと云ふ位

（『福翁自伝』）

他方、阪谷にとって「討論」は「口の先き」の技術としての debate などでは決してなかった。それは『大学』の「如切如磋者道学也、如琢如磨者、自脩也」への朱注「学、謂講習討論之事」であった。朱子によれば『詩経』の一節「切磋琢磨」は、「切磋」が「学」を、「琢磨」が「自脩」をそれぞれ意味している。自らの内面を「省察克治」する「琢磨」の前提として、あるいはそれと不可分のものとして、「切磋」が、すなわち「講習」「討論」が必要である。「学」とは単なる内面的な沈潜に尽きるものではない。その深化の過程はむしろ必然的に、文字や言語を介した他者との関わりを要請する。朱子と同様、阪谷もそのように考えたの

である。儒者を自認する阪谷が明六社に積極的に参加し、また「尊異説」（『明六雑誌』第一九号）で「異説」の重要性を説き、「異の尊むべく、同の卑むべき、知るべきなり」とまで述べるその背景には、以上のように「討論」を通じた真理（「道」）の探究という感覚が当然の前提とされていたのである。

息子芳郎の回想によれば、阪谷は「宅に帰り晩に酒を呑み呑み、福澤さんは人を馬鹿にしたやうな反対論を唱へたが、どうもあれでは困ると云つて学士会院当日の不平を私に向かつて漏」したという（阪谷芳郎「自分の見たる朗盧」）。福澤の弁舌に翻弄される阪谷の姿が、目に浮かぶようである。東京学士会院での回想ではあるが事態は明六社でも同様だったのだろう。「道」の探究という営みにコミットしつつ、真摯に「異説」「異論」の存在を承認する阪谷だからこそ、時に nonchalant とも見える福澤流の「討論」には、「人を馬鹿にしたような」ものを感じ、傷つきもしたのだろう。

「討論」の空転

「落咄家の高座」にも喩えられる、客席を意識した「演説」のあり方。そして、ある種のゲームとしての「討論」のあり方。こうした傾向が「合議」の実質化をも妨げている。阪谷にはそのように感じられたのではないか。実際、『明六雑誌』誌上においても議論はしばしば空転した。世間の耳目を集めやすい論題でとりわけそれは顕著だった。森有礼の「妻妾論」をめぐる一連の議論は好例である。加藤弘之が「夫婦同権論」として取り上げた森の論説（「妻妾論（一）」、『明六雑誌』第八号）は、新聞紙上では「男女同権論」の主張として受け取られ、その是非が盛んに議論された（「夫婦同権論の流弊（上・下）」、『明六雑誌』第三一号）。

だが、そもそも森が提起した「妻妾論」の主たる論点は、（異姓）養子制度と妾制度の問題点にあり[7]、夫婦の関係は論旨の全体から見れば傍論にすぎない。森自身が、論争の過熱を受けて「夫妻の間は同等にして尊卑なきことを述べたれども、同権に至りては絶えてこれを論ぜしことなし」(『明六雑誌』第三二号末尾)と当惑するのも当然であった。「夫婦同権」や「男女同権」という(当時としては)センセーショナルな響きに幻惑され、真の論点は逆に覆い隠されてしまったと言える。雑誌や新聞、さらには演説といった様々なメディアを通して問題が拡大していくにつれ、問題の存在自体は認知されるものの、問題それ自体についての議論は深まらずむしろすれ違っていく。メディアが高度に発達した現代社会においては起きがちな事態に、彼らも直面していたのである。

覆い隠されたのは議論の所在だけではなかった。論争で用いられる言葉の意味もしばしば曖昧だった。津田真道が指摘したのは、「男女同権」と「夫婦同権」とはその意味が異なるということであった(「夫婦同権弁」、『明六雑誌』第三五号)。津田の見るところ、欧米各国は「民権」上では「男女の権」を等しく認めており、例外はただ、「国家の政事に関係する公権」のみである。他方、「夫婦」とは元来、「民法」上の存在であり、そこにおいて両者の権限ははじめから明らかに峻別されている。例えば、「婦」はその私財を自ら管理する権限を有しない(同前)。つまり、欧米では「男女同権」はすでに行われているが、「夫婦同権」はそうではない、というのである。では、民法典も憲法も持たない明治日本についてはこれをどう考えるべきなのか。それについては津田も踏み込んだ議論をしていない。

さらに言えば、そもそもこの場合「同権」が何を意味するのかが正面から議論されることはなかった。森はすでに見たように「同等」を主張し、津田も、結局、準拠すべき法制度の相違に問題を先送りした(彼が最後に持ち出したのは「匹敵の礼」という「礼」であった)。こうした議論を「水掛け論」と批判するのは福澤諭吉である。

すべて事物の議論をするには、まずその事物の品柄吟味せざれば叶わぬことなり。ゆえにこの同権論につきても、まず男女の何者たるを察し、権の何事たるを詳にして、しかる後にその是非得失の議論に取掛るべきなり、もししからずして銘々の所見にしたがい、男女の性質を憶測し、権の字を推量して、思い思いに説を述ることあらば、その際限あるべからずして、いわゆる水掛け論なり。

（「男女同数論」、『明六雑誌』第三一号）

「男女の性質」とともに、「権」とはそもそも何を意味するのか、この点についての吟味が不可欠である、というのである。問題を整理し、議論の進むべき方向性を示したかに見える福澤が彼自身の議論の結論として提示するのは、しかし、表題にもあるとおり「同数」論であった。「世界中の男と女の数はたいてい同様なるゆえ、男一人と女一人とあい対して夫婦になるべき勘定」なのであり、「今日のところにては同権などむつかしき話は止めにして、男一人女数人の交際は、十露盤の勘定に合わぬゆえ宜しからずとのみ云」えば足りる、というのである。F・ウェイランドに倣ったこうした論法それ自体は（F. Wayland, *The Elements of Moral Science*, Part 2nd, Division 1st, class 2nd, chap. 1st: The General Duty of Chastity）、無論、いかにも彼らしい「誰れにも了解し易き工夫」ではあろう。だが他方でやはりこれは、議論の土俵そのものをひっくり返す乱暴な論争戦術とも言える。議論を深めることよりは、論争における勝利を選択したようにも見える。

「都て文字の趣意を解くには、学者の定めたる字義に関わらずして、天下衆人の心を察し、その衆心に思う所の意味を取るを最も確実なりとす」（『文明論之概略』巻之三、第六章）と言う福澤である。「同権」の「権」を、「天下衆人の心」に訴えかけるには、未だ熟さぬ語と見たのであろう。これに対し、愚直に「同権」の語義に、「学者の定めたる字義」にこだわるのが阪谷である。[8]「落咄家の高座」と評された明六社に対し、「真に学者の集会」と称された洋々社の結成に、西村茂樹とともに動いていた彼が明六社に託そうとした使命とは何であったか。

三　「翻訳」結社としての明六社

「翻訳文字合議説」

下谷の古書肆文行堂の二代目横尾勇之助が収集した自筆資料一枚物の貼込帳『須天加多志《すてがたし》』には、阪谷素の「翻訳文字合議説」と題された草稿が収められている（参考資料参照）[9]。『明六雑誌』誌上に発表するつもりで用意されたと思われるこの未発表原稿で阪谷は、「翻訳会〔合〕議の社」としての明六社を構想している。[10]

> 数年を出ずして翻訳の潰乱必ず至る、幸ひに諸先生猶存するの今日に当り急に注意し翻訳会〔合〕議の社必ず開かざる可らず、而して此任や明六社に在らざるを得んや、苟も然る或はスピーチを廃し専ら此に従事する可なり〔、〕或は全日を以て此会に当て半日を合て之を為すも亦可なり
>
> （阪谷素「翻訳文字合議説」二丁ウ―三丁オ）

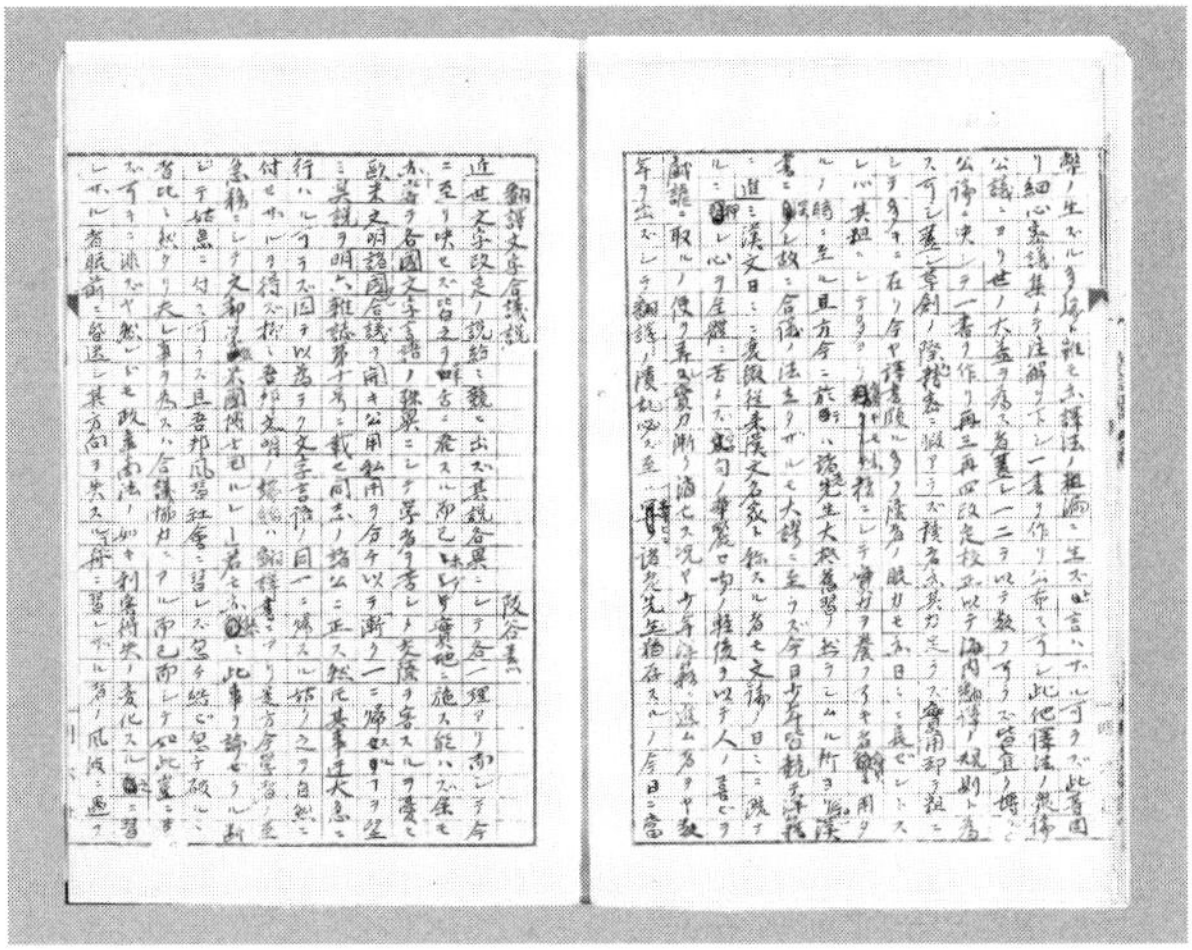

『須天加多志』に収められた「翻訳文字合議説」（早稲田大学図書館蔵）

売り物であった「演説」を廃止してしまうか、あるいは別に日を設けて「翻訳会議」を行うべきである、というのである。そこで議論されるのは当然、例えば「ラヰト《権理》〔right〕」の訳字である。「ラヰト」だけではない。「シフヰリゼーション《文明開化》〔civilization〕」「リベルチー《自主自由》〔liberty〕」「オブリゲーション《義務》〔obligation〕」といった政治を語る上での重要な語彙や概念について、そこでじっくりと議論するべきである。そう阪谷は主張する。こうした諸概念に「姑息の意訳俗に所謂当て字の如きもの」を用いて「原語の意を失し人を誤」らせることの危険は極めて大きいからである。西洋語の学習経験がなく、自身も翻訳書を用いて「西洋」の学習に努めていた阪谷にとって、これは切実な問題であったろう。明六社における議論に対して彼が持っていた不満の所在をもうかがわせる主張であろう。いずれにせよ、明六社の活動の中心を、「演説」から「翻訳会議」へと移そうとしていたことは疑いない。

もちろん、すでに福澤諭吉は『西洋事情』第二編で、中村正直は『自由之理』で、また、『明六雑誌』誌上でも西村茂樹が「西語十二解」（三六号、三七号、四二号）で、箕作麟祥が「リボルチーの説」（九号、一四号）でそれぞれこうした諸概念の原理的理解に挑戦していた。こうした試みについて、阪谷が知らなかったのではない。

むしろ、こうした作業を高く評価するからこそ、明六社の場でそうした個々の作業を突き合わせ、互いに「合議」することの必要性を感じたのであろう。

だがそれだけではない。明六社以外では、「翻訳会議」の成功がおぼつかない。阪谷はそのように考えていた。「合議」を経ないままなされた福澤や西村といった個々人の訳業が、それでも普遍的に通用する高い水準を獲得することができたのは、彼らが「洋書」のみならず、「和漢書」にも深い造詣を有していたためである。

且方今に於ては諸先生大抵旧習の然らしむる所より和漢書に深し〔、〕故に合議の法立たざるも大謬に至らず〔、〕今日少年皆競て洋籍に進み〔、〕漢文日々に衰微〔、〕従来漢文名家と称する者も文偏〔?・〕の日々に既なるに狎れ〔、〕心を全体に苦めず字句の華麗口吻の軽俊を以て人の喜びを戯謔に取るの便を弄し実力漸く消亡す〔、〕況や少年洋籍に進む者をや

（同前、二丁ウ）

そうだとすればこうした条件を後続世代に求めることは出来ない。さらに時勢が進むなら、最初から「和漢書」に触れることなく「洋籍」を学ぶものが出てこよう。その時にはすでに「和漢書」を専ら学ぶものの

実力も衰えていることだろう。それが「数年を出ずして翻訳の潰乱必ず至る」と阪谷が言うゆえんである。「洋書」を読む者が「和漢書」に関する深い教養を有すること。それは、結局、「一身にして二生を経る」(福澤)という歴史的環境によって偶然にも可能になったにすぎず、こうした条件を恒常的に期待することは出来ない。[11] だからこそ「合議の法」を立て、「衆論公議」し、彼らの叡智を結集して、その日に備えるべきなのである。明六社はその最初にして、おそらく最後のチャンスである。

「会読」の伝統

阪谷のこうした議論がなにほどか説得力を持ち得ていたとするならば、それは江戸期、藩校や学問所で儒学を学ぶものたちにとって一般的であった「会読」の伝統に支えられているだろう（前田勉『江戸後期の思想空間』)。一つのテクストのある部分について、時には一語をめぐってその解釈を争い、他の語や部分との整合性に留意しつつ、議論し合うこと。整合的かつ包括的な解釈が複数存立し得ることの体感をも含む、こうした解釈学の訓練は、昌平坂学問所の御儒者だった中村正直や、同じく御儒者だった古賀の塾に学んだ阪谷にとってはもちろんのこと、『明六雑誌』投稿者のほぼ全員にとってすでに馴染みのものであった。阪谷の言う、「和漢書」についての素養とは、無論、こうした次元をも含んでのことである。

「会読」の実践は、幕末においてすでに、儒者の専売特許ではなかった。「いよいよ明日が会読だと云ふ其晩は如何な懶惰生でも大抵寝ることはない　ヅーフ部屋と云ふ字引のある部屋に五人も十人も群をなして無言で字引を引つゝ勉強して居る　夫れから翌朝の会読になる」と回顧される緒方洪庵の蘭学塾についても同様のことが言えたからである（『福翁自伝』)。さらに、加藤弘之、神田孝平は、開成所において柳川春三が主催した会訳社のメンバーであり、『中外新聞』『西洋雑誌』で海外の最新「新聞」を翻訳する傍らで、『新聞会叢』では「会議法之愚按」(加藤)、「会議法法則案」(神田)を著してもいた。ここでの「会議」とはもちろん開成所内の秘密会議であり、広く開かれたものではない。また、その内容も薩長軍との「和戦」に関する緊迫したものであり、明六社におけるそれとは趣を異にするものではある。だが、「翻訳」と良き「会議」との連関という阪谷の発想は、こうした彼らの「会訳」の経験に照らしても十分に理解可能なものだったのではないか。

ある概念の意味に議論を限定すること。それが「合議」が開かれたものであり続けつつも、そこにおける「討論」が実質的であるための条件である。そういった形での「討論」は他方で、華やかな論戦や演説にはそぐわないであろう。阪谷は明六社の同人に選択を迫ったのである。

四　政治を「翻訳」する

「政」と「教」

「翻訳」に当ってはもちろん、対象となる外来語(例えばright)についての深い理解が必要である。だが同時に、翻訳語として用いる言語(例えば「権」)についての鋭い洞察も必要不可欠である。その点を踏まえなければ、もともと頻繁に使われていた言葉や概念が、西洋語の翻訳語として使われることでいつのまにか意味を変じていくということも起こり得る。そうした現象がすでに起き、そのことが新たな混乱を生み出してはいないか。阪谷はそのように懸念する。例えば「教」という字である。

甚しきに至りては教字の訳定まらずして理教の教〔、〕宗教の教往々誤り認むる者あるより、政教の科分明に別つ可きの一端を聞かじり〔、〕我身勝手に引つけ政家は徳性品行を治道に益なしとし〔、〕其為す所の政も亦人理外の者（ママ）して「デスボチック」をして時世の至当と為すに近き者あり〔、〕是皆西洋諸賢の説と分明背馳する者にして世々転換蝶鉸の際最も畏る可し、此弊の生ずる多端と雖も亦訳法の阻渋に生ずと言はざる可らず

（「翻訳文字合議説」二丁オ―二丁ウ）

「教」の字をreligionの訳語として用いることで、いわば「教」の字の語感がreligionの側に引き付けられるということが起きてはいないか。そのことはpoliticsの側から「教」を追放することにつながりはしないか。さらにはそうした誤解により、「政家は徳性品行を治道に益なしとし、其為す所の政も亦人理外の者（ママ）して「デスポチック」をして時世の至当と為すに近き者」が現れるのではないか。「教」の語をめぐっての混乱が、人々の間での政治の位置付けの混乱、ひいては実際の政治の混乱をもたらしている。阪谷はそのように考える。「翻訳」をめぐる「合議」はその意味では、政治の位置付けや政治のあり方にも関わる思想的意味を持っているのである。

「政」と「教」、つまり政治と道徳との関係をどのように考えるべきか。確かに当時論争的なテーマだった。そして、阪谷が懸念していたような、政治を道徳と切り離して理解すべきだとの主張も有力であった。例えば明六社の同人であった西周はその「百一新論」で以下のように「政」と「教」との混同を戒める。

其の故は教といふ辞を人の道を教ふると見た所で、まだ人の道の内には人を治めると云ふ事がござるに由て、人を治める仕方の政といふ字も人の道の一つの様に思はれるでござるが、そこに意味の取損ひ易い、得て間違の生じ易いことがござつて、此考の混雑からひどい誤りが出来ることでござる

（西周「百一新論」）

「政教は素夫々の別なこと」「政をすると教えを施すとは全然仕法の違ふたこと」（同前）を強調することした西の態度の背景には、「祭政一致」を強引に進めた政府の「教導」政策とその失敗の記憶があった（宮地正人『天皇制の政治史的研究』一一〇―一四九頁。宮地は西の背後に木戸孝允の影を見る）。「政府、教門との脈略を絶つ」べきことを説いた西の「教門論（三）」（『明六雑誌』第六号）について、加藤弘之も「けだし祭政一致、政教一途の迷病を療するに足ると云うべし」と評する。加藤にしてみれば「祭政一致」の政治とは「代神政治（テヲカラシイ）」に他ならず、「開化未全の国」に行はれる政治形態にすぎない（加藤弘之『国体新論』）。政治と道徳――それが妥当する領域を区別するべきことを説いたのは西や加藤だけではない。この時期、例えば福澤諭吉もまた明治政府の「政教一致」政策を伝統的な「仁政」理念に重ね合わせつつ、そうした政治を「あたかも世の中の人間交際を親子の間柄の如くになさんとする趣意なり」（『学問のすすめ』第十一編）として厳しく批判していた。

政府と人民とはもと骨肉の縁あるにあらず、実に他人の付き合ひなり。他人と他人との付き合ひには情実を用ふべからず。必ず規則約束なるものを作り、互ひにこれを守りて、厘毛の差を争ひ、双方ともに

かへつて丸く治まるものにて、これすなはち国法の起こりし由縁なり。

（『学問のすすめ』第十一編、明治七年七月）

「他人と他人との付き合ひ」であるところの政府と人民との関係には、「情実」ではなく「規則約束」が適用されるべきである。道徳から区別された「規則約束」の世界として政治はあるべきなのである。同様に西も、『百一新論』では「天下国家を治める道具」として、「孔孟の夢」としての「徳礼」ではなく、「法」や「政刑」を用いることこそが「正道」であると主張していた。「徳性品行」を顧みない政治家による「デスポチック」を恐れる阪谷とは対照的に、福澤や西は政府がその権威を道徳によって調達しようと図ることによってむしろ「専制」がもたらされる、と考えるのである。

「保護」としての政治

個々人の「善の諸構想」の尊重を説く、現代のリベラリズムの立場を見慣れた人々の眼からは、福澤や西の立場がいかにも〈近代〉的で正しいものに見えよう。だが、「教」は本当に「政」と無関係なのだろうか。先ほどの引用において西自身も言うように、「教」とは「人の道」であり、そして「人の道の内には人を治めると云ふ事がござる」以上は、「人を治める仕方の政といふ字も人の道の一つ」という考え方もできるのではないか。

阪谷はまさにそのように考える。阪谷はあくまで「政教」という概念にこだわる。つまり、「政」と「教」とは密接不可分なものとして考える習慣を保持し続けようとする。

欧米文明国においては政は政、教は教と分て、政をする者は教のことは毫も関せぬが至当と云う。これは政教の教と宗教の教と混雑して害を生ずるより起こりし説にて、政が不正不直にて、教を離れ抑制してよし、保護人は教をかまわず不正不直を行て善き、ということにあらず。およそ諸教無数の中において、保護の政ほど天下の教になるものなし。

（阪谷素「政教の疑（一）」、『明六雑誌』第二二号）

「宗教」「法教」などreligionの訳語のうちに「教」の字を用い、politicsの訳語として「政教」を用いないことは、まず「教」の字の理解として誤っており、さらにpoliticsの語の理解としても一面的である。(12) 「政」と「教」の分離を実現したかに見える欧米においても、結局、その「政」は「教」を内包している。政治が道徳を含まないと考えることは、宗教内乱を経て寛容体制を構築するに至った西洋に対する誤解に他ならない（「欧米近来の美政に至り法教を別にせしより、ますます政と自然の理と符合し、真実の教となり、我国にもこれを学ぶなり」）。実は「政」こそが「諸教無数の中」において、最良の「教」でもある。「保護の政」は「天下の教」なのである。

こうしたことは政治の果たすべき重要な機能として「保護」があることを考えれば見やすい、と阪谷は言う。では、「保護」とは何のことか。確かに例えば福澤諭吉もその『学問のすすめ』第十四編「世話の字の義」で「保護」について説いていた。「保護」とは「人の事につき傍より番をして防ぎ護り、或いはこれに財物を与え或いはこれがために時を費やし、その人をして利益をも面目をも失わしめざるように世話をすること」である。福澤によれば、この意味での「保護」は、「異見」「忠告」を加える「差図」（「命令」）とあわせて二つながらに「世話の字の義」を構成する。重要なのは「保護」や「差図」が政府と人民との間の相互的な関係であり、政府から人民への一方的なものではなかったということであった。例えば、「人民は租税を出して政府の入用を給し、その世帯向を保護」しているのであり、その意味で「専制の政」とはこうした相互的な関係の破壊なのであった。さらに、ここでの福澤の意図は、「鰥寡孤独、実に頼るところなき者へは救助も尤もなれども、五升の御救コメを貰うて三升は酒にして飲む者なきに非ず」という例を引きつつ、いわば「保護」の過剰を戒めることにあった。

これに対し阪谷は、福澤のように「差図」「命令」を区別することはない。また、阪谷の「保護」は、「保護人」という言葉にもうかがえるように、専ら政府に帰属する。原理的には「保護」と「差図」の両立を説きつつ、目前の現実について「差図」の過小と「保護」の過剰を指摘した福澤に対し、阪谷は福澤の議論を逆手に取りつつ、政治における「保護」の機能の重要性を、とりわけ統治者の役割としてのそれをあくまで強調するのである。それは阪谷が、政治の良し悪しが根本的には「法制」よりは統治者の「品行」に依存すると確信するからである。だからこそ「保護の人」が善くあることが、善き政治の前提条件なのである。

上に立つ者は、法制さえ厳重にすれば品行はどうでもよしとす〔というのは誤りである〕。法制は道具なり。いかなる上好なる機械でも使い手が悪くては用に立たず。ゆえに欧州文明と称する国も、保護の人が悪ければいつでも乱れるなり。乱れるは教のなき政になればなり。

(「政教の疑(二)」、『明六雑誌』第二五号)

こうした政治観は、その「愚民」観を反映した、いかにも儒学者らしい、古い〈封建〉的、〈アジア〉的な政治観にすぎないであろうか（鹿野政直『日本近代化の思想』）。少なくとも中村正直はそうは考えなかった。中村は、例えば「西学一班（三）」（『明六雑誌』第一二号）でマキャベッリ（「馬格亜培児」）の政治学について、「おおいに政事風俗を害」し、「真成の人倫学、真成の政法学これがために阻礙せられたり」と難ずる。なぜならマキャベッリの政治学は「人主」に対し、「己の利益を目的となすべきを要す」と語りかけるからである。だが今や、「君主たるもの民の父母となり、その志願を達し、それをして福祉を享けしめ民とともに昇平を楽しむ一体の風」がヨーロッパを覆うに至っている。エンサイクロペディア・ブリタニカを参照しつつ中村が描くのは、道徳から解放された「人主」の誕生を言祝いだマキャベッリの政治学が、活版印刷技術のようなテクノロジーの発展、またベーコンやヒュームといった人々の政治学によって克服されていくという道筋を描いた反マキャベッリの西洋政治学史である。(13)

西村茂樹の見通しも、この点では、中村とほぼ同様であった。「陳言一則」（『明六雑誌』第三号）において、繁栄を誇ったギリシャやローマが亡びた原因として「奢侈軽薄」の蔓延を挙げ、国の興亡の基準を「民の心術と操行」に求めた西村は、そうした「民」の模範としての役割を依然として「君子」に期待する。「修身治国非二途論」（『明六雑誌』第三一号）では、次のように述べる。

> およそ道理分の力強くして、つねに動物分を圧伏するものを君子とし、聖賢とす。動物分の力強くして、つねに道理分を圧伏するものを小人とし、凡人とし、また名けて禽獣に近しとす。ゆえによく身を修むる者は、またよく国を治むるべきの理なり。（「修身治国非二途論」）

「動物分」「道理分」という区分はL・ヒッコック（Laurence P. Hickok）の*A System of Moral Science*（1853）に由来するものであるが、西村によれば、「動物分」とは「儒者のいわゆる物欲」、「道理分」は「天理」とそれぞれ言い換えることが出来る（西村茂樹『求諸己斎講義』〈「修身学部」総説〉一丁ォ、中野目徹「洋学者と明治天皇」）。また、福澤も深く学んだF・ウェイランドの*The Elements of Moral Science*（1835）について、その要諦を西村は「修身学は正しき政治の根源なり」とまとめてみせる。個人の、そしてとりわけ統治の任にたずさわる個人の道徳的覚醒こそが、「正しき政治」の根底にあるはずだ。そうした確信において、「儒者」と「西国諸賢」とは一致できる。中村も、西村も、そして阪谷もそのように考えていた。[14] 森が提起した「妻妾論」に阪谷が激しく反応したのは、夫婦や男女の関係が正しくあることが重要であると考えていたからだけでなく、政治家や官僚の性的放縦がこのような意味での「正しき政治」の根底を掘崩す危険を有するとみたからでもある。

「信」と政治

「正しき政治」とはではどんなものなのか。阪谷はそれを「信」とかかわるものとみる。その点では、政治は宗教（法教）と共通する。

天地に弥り、古今を貫き、人の主として方向を定むべきものただ善のみ。国は人をもって立つ、国の国たるゆえんの本、ただ善のみ。しかりしかして、その善を立るは、ただ信の厚きにあり。その信を厚くせしめて確然動かざるに至るは、ただ政教・法教の二つあるのみ。

（阪谷素「政教の疑（一）」『明六雑誌』第二二号）

そしてそのことが、阪谷にとっては、「政」と「教」の分離を危惧する理由となる。「政」と「教」の分離とは、つまり、政治が「信」の領域から撤退すること、ひいては宗教がその領域を独占することを意味するのではないか。

このように考えたのはやはり阪谷だけではない。その「教門論疑問（一）」（『明六雑誌』第二九号）で、「およそ政を行い教を布く、まず信を人に得るにあり」と述べた柏原孝章はその例である。西周の「教門論」に対する反論である「教門論疑問」で、柏原が問題にしていたのは「信」の「本末」、「教」の「正邪」であった。「教門論」で西が論じていたのは、「知の及ばざるところに根ざすもの」としての「信」の性質であった。「知らずして信ずる」という点では「匹夫匹婦」が低級な「木石虫獣」を信仰するのも、「高明博識」の人物が「理」や「上帝」を信仰するのも選ぶところはない。政府が信仰を強制できない理由は「信」の対象のこの不可知性にある、と西は言う。

柏原が疑問視するのはまさに西のこのような主張であった。西のように、「信に本末なしただ真とするものを信ずべきなり」と言うならば、「かの愚夫愚婦」は「ついに草蛙大王を拝するに至」るであろう。それは、結局、民を「邪教」に迷わせたままにすること、「手を拱して人を棄るの道」に他ならないではないか。「信」は「知の及ばざるところに根ざすもの」であるとしても、それぞれの「信」の「本末」「正邪」を決することは本当に出来ないのか。柏原はそう問いかけたのである。

もちろん西がこうした疑問を無視していたわけではない。西が想定していたのは「知」の領域の拡大である。「知」の領域が拡大していけば、明らかに低級な信仰（「虫獣木石」）は姿を消し、真に不可知な「信」の領域（「理」や「上帝」）のみが残るであろう。それに加えて西が期待をかけるのは「賢哲」の存在である。

> ゆえに世を輔け民に長たる者は、信を人に強ゆべからずといえども、世の賢哲、知もっとも高く、識もっとも遠き者の信ずるところを賛成輔翼し、これをしてその信奉するところを自在ならしめ、あえてこれを拘束羈縛することなし。かくのごとくなれば賢哲なる者、その信ずるところを明らかにして誘導解論、その力を尽さんとす。すなわち匹夫匹婦の惑溺・狂妄なる者、また漸次観化するところありて革面の期まさに至らんとす。これ政治の治術上にありて民信を処置するの方略なり。
>
> （「教門論（五）」、『明六雑誌』第九号）

「惑溺・狂妄」なる「匹夫匹婦」を、「誘導解諭」するとされる「賢哲」。それは、しかし他方で、柏原の言う「父母兄弟の政を行う者」――儒者が統治者を「民の父母」と呼んだことを思い出そう――にむしろ近い存在とも言える。

> 国の王者あるは、なお家の父母あるがごとし。四海の内、みな兄弟なり。その父母兄弟の政を行う者は、その信ずるところ、自から愚夫愚婦の見と同じからず。しかりしかして子弟の沈溺するを見、手を拱して救わずんば、なんぞ父母兄弟たるにあらん、なんぞ民を保するにあらん。

（柏原孝章「教門論疑問（一）」同第二九号）

むろん、西が想定する「賢哲」の活動は、例えば西が「人生三宝説」で示したような、政府とは区別された「社交〈ソシアル〉の生〈ライフ〉」（「人生三宝説（三）」、『明六雑誌』第四〇号）の中に位置付けられるのかもしれない。だが、そうした役割を政府が担うにせよ、「社交〈ソシアル〉」が担うにせよ、それが「民信を処置」する「政治上の治術」である点は疑いない（菅原光『西周の政治思想』第三章）。「知」の領域がたとえどれほど拡大しても、「知の及ばざるところに根ざすもの」としての「信」の領域は残り続ける。それを提供する役割の一端は政治が担うべきである。その点について、西と柏原は、そして阪谷も一致していたのである。本来、第一義的に「信」を提供するはずの政治が機能不全に陥り、もっぱら宗教によってそれが提供されること。それが阪谷や柏原の恐れる「デスポチック」の姿である。政府と宗教組織とを切り離すことによってそれが回避できると考える西や加藤に対し、阪谷や柏原はむしろ政治が正面から「教」と向き合うことによってのみそうした事態が回避できると説いたのである。

五　「社会」の原理として

政治と道徳とは、あるいは政治と宗教とはいかなる関係にあるのか。政治を人々の営みの中でどのようなものとして位置付ければよいのか。「翻訳会議」は、例えば「教」という字をめぐって、そうした問いの地平——その一端はすでに見てきた——を開いていくはずであった。しかも阪谷にとって上のような意味での

「翻訳」の営みがいわば「社会」の方法でもあった点は最後に強調しておく必要があろう。彼は次のように言う。

且吾邦風習社会に習れず忽ち結び忽ち破るる者も比々然たり、夫れ事を為すは合議協力にある而已、而して如此豈に嘆ず可きに非ずや、然れども政事商法の如き利害得失の変化する是に習れざる者眼前に昏迷し其方向を失するも舟に習れざる者の風波に遇ふ如きも亦宜なり、翻訳文字に至ては利害得失の阻渋して邪魔を為す者なく而して之を議するの人は皆有識の学者にして西洋社会を講究する者なり、此人にして此会を為し此利あつて此害なきの事を為す其事の立つや必す可し〔、〕此に由て社会の益を示し民選議院の嚆矢を為す豈に美ならずや
（阪谷素「翻訳文字合議説」一丁ウ—二丁オ）

「吾邦」に「社会」がないというのではない。だがそれらは「忽ち結び忽ち破」れる。人々が「合議協力」という「社会」の原理に習熟していないためなのである。「翻訳」は、この「合議協力」という原理に習熟するための最初の核となる。「利害得失」が常に伴う「政事商法」についていきなり「合議協力」するのは難しいかもしれない。だが、「翻訳」であればそうした懸念はない。目の前の「文字」について深く、多角的に議論し、合意を作り上げるという経験の蓄積は、やがて「政事商法」の、そしてさらに大きな「合議」へと連なっていくだろう。「翻訳」による「合議」を根幹に据えることで、明六社は「民選議院の嚆矢」ともなる。阪谷はそのように言う。

こうした展望が示唆するように、彼は「翻訳会議」を当時の民選議院論との関連で考えていた。しかも、

議会における「合議」を「翻訳」モデルで捉えるのである。つまり、阪谷は「民選議院」を徹頭徹尾「合議協力」の場として理解した。そこでの「合議」は、「演説」によるパフォーマンスではなく、ましてや「利害得失」の調整でもない。それは「翻訳」に際して行われる「討論」である。「演説」ではなく専門家同士の真摯な議論が、議会のモデルなのである。阪谷が「翻訳会議」の構想を、「欧州」における「「スタチスチック〔statistics〕」」の「コングレス」」に比そうとするのもそうした趣旨からであろう。[15]

こうした構想、またこうした「民選議院」観を非現実的なものと嗤うのはたやすい。だが、阪谷はこのめでたくも聞える「合議」としての「翻訳」の可能性を諦めなかった。「民選議院」がそうした場であるべきことも疑わなかった。そしてだからこそ、人々がよき「合議」に至るためにはいかなる条件が必要かを真摯に考え続けることができたのである。[16] 横井小楠から中井正一まで、「公論」や「討論」をその政治構想の中核に置く思想家は珍しくない。阪谷素は、そうした思想家たちのなかで、「合議」が成立する条件を考え続けようとした点で特筆に値する。強気の、そして粘り腰の理想主義である。

註

(1)「東京演説社会人名一覧」(神奈川県立歴史博物館蔵)明治十四(一八八一)年三月、「大日本演説弁士一覧」(慶應義塾図書館蔵)明治十四(一八八一)年十月等。「番付」どころか「細見」まである。登亭逸心著、清水市次郎編『東京流行細見記』(清水市次郎、一八八五年)三丁ォ。

(2)『曙新聞』明治八(一八七五)年五月二十日。投稿者は「長井琴世」。ほぼ同文の投稿が『日新真事誌』明治八(一八七五)年五月二十二日にも見える。

(3)松澤弘陽は、『文明論之概略』全体が、福沢の立場からして、「異説」を信じる人々を、文章によって説得したり「籠絡」したりする壮大なレトリックの試み」であり、またその執筆時期（明六社「演説会」への参加時期とも重なる）を通して、「慶応義塾の同志とともに演説と討論の「稽古」を始めていた福沢が、話しことばによる合意形成という方法に、それに劣らぬ強い関心を抱いていた」と指摘する。松沢弘陽「解説」、松沢弘陽校注『文明論之概略』岩波文庫、一九九七年、三八五頁。

（4）二代目松林伯圓、天保五（一八三四）年生まれ、明治三十八（一九〇五）年没。延広真治「世話講談と人情咄——「よむ」と「はなす」」延広真治校注『講談　人情咄集』新日本古典文学大系明治編7、岩波書店、二〇〇八年、五一〇—五一一頁。吉沢英明『二代松林伯圓年譜稿』眠牛舎、一九九七年。

（5）演劇の中に「演説」が取り入れられることもあった。娘義太夫でも「改良討論の段」という新作改良義太夫が語られたという。水野悠子『知られざる芸能史——娘義太夫』中公新書、一九九八年、二二一—二二三頁。

（6）当人たちとしては「軍談師」（しばしば武士の内職の一つであった）のつもりであったらしい。

（7）当時の森の関心の所在をうかがわせる以下の議論を参照のこと。

The imperial dynasty is found, however, varying far from a lineal succession of legal issues. This is a consequence of its dependence upon a system of concubinage and adaption which still prevails in our country... To the looseness of the marriage-tie must mainly be ascribed the weakness of the government and of the social structure. No law existed defining the constitution of a legal heirship, or the rights of an heir to the throne. (Arinori Mori, “Education in Japan, introduction”)

（8）吉川幸次郎も指摘するように「権」とは、「儒家の哲学における相当重要な概念」だからである。『論語』上、朝日選書、一九九六年＝初版一九六五年、三二九頁。なお、江戸期以来の「権」の用法から遡って、この時期の「権」言説の諸相を明らかにする（ある意味で阪谷が望んだような作業を遂行する）のは宮村治雄「「権」と「自由」——経世策における近世から「維新」へ」（『日本政治思想史——「自由」の観念を軸にして』放送大学教育振興会、二〇〇五年、第九章）。

（9）どういう径路で本草稿が文行堂の所有に帰したのかは明らかではない。ただ、初代文行堂には神田孝平や中村正直など明六社関係者も出入りしておりあるいはそうした縁によるものか。横尾勇之助「初代文行堂を中心の思い出」、反町茂雄編『紙魚の昔がたり——明治大正篇』萩書店、一九九〇年、二三五頁。

（10）阪谷は明治八年十月一日、明六社で「反訳書の議」と題した演説を行っているのであるいはこれに関係したものか。

（11）Civilization や liberty あるいは right といった概念をわれわれは本当に翻訳できているのだろうか。翻訳対象の言語（「洋書」）のみならず、和語に訳するなら和語についての、漢語に訳するなら漢語についての教養と省察抜きに、そもそもこうした概念の翻訳が可能なのだろうか。そして理解とは何程か翻訳である以上、「和漢書」についての深い教養抜きに、本当にそれらを理解することなど可能なのだろうか。他文化の「異質性」への意識が、ひるがえってそうした「異質性」を判定する前提の反省にも向かう。その意味で阪谷は徂徠や福澤と問題意識を共有していたのである。丸山眞男・加藤周一『翻訳と日本の近代』岩波新書、一九九八年、二六―三四頁。無論、反対に真の「翻訳」をあきらめるのも、時には必要な、「大人の知恵」ではあろう。與那覇潤『翻訳の政治学』（岩波書店、二〇〇九年）特に序論参照。阪谷にその意味での「大人の知恵」はなかった。

(12) 江戸思想史の後半を彩る「政教一致」の構想とその実践の試みの諸相については眞壁仁『徳川後期の学問と政治――昌平坂学問所儒者と幕末外交変容』（名古屋大学出版会、二〇〇七年）特に九一一七頁参照。古賀侗庵に師事した阪谷がこうした蓄積と無縁であろうはずはない。

(13) エンサイクロペディア・ブリタニカ当該部分の執筆者は、virtue の質を civic なものから civil なものへと転換させたとも評されるスコットランド学派の Dugald Stewart である。Political Liberty よりは Civil Liberty と Religious Liberty を重視した Stewart の思想が中村正直に与えた影響につき、大久保健晴「明治エンライトンメントと中村敬宇（二）――『自由之理』と「西学一班」の間」（『都立大学法学会雑誌』三九―二）参照。人間の完成可能性（perfectibilité）を信じ、知識人の役割に大きな期待をかけるスチュワートを「ヒュームあるいはスミスのいずれよりもはるかに懐疑のすくないウィグ」と評するのはS・コリーニ、D・ウィンチ、J・バロウ『かの高貴なる政治の科学』永井義雄・坂本達哉・井上義郎訳、ミネルヴァ書房、二〇〇五年、三五頁、三七頁、三八頁。

(14) こうした理解が、「西洋」とりわけ同時代のヴィクトリア朝イングランドに根強くあった unreflective Kantianism に照らしても時代遅れなどとは到底言えなかった事情につき、以下を参照。Stefan Collini, *Public Moralist*, New York, 2006, Chap. 2, pp. 63-64, Chap. 3, p. 98.

(15) 「余聞近来「スタチスチック」の「コングレス」欧州に創るや他事と異にして衆論背戻喧騒の事なく開闢未実務の美会議と称すと、意ふに翻訳会議此に比する固り狭く且小と雖も其事の立つや必ず義必ず善以て吾邦社会民選議院の良鑑たる可きなり」（三丁ォ）。「統計」と議会を連続的に捉えようとする発想は津田真道にも見える。「政論四」（『明六雑誌』第一五号、一八七四年八月）。また大久保健晴『近代日本の政治構想とオランダ』東京大学出版会、二〇一〇年、第二章第六節。

(16) 「翻訳」と並ぶもう一つの、とりわけ議会での討論において重要な条件は「金」である。「愚民にもよく分か」る

「金」の議論（具体的には「租税」）を通して、人々の欲望が「公論」へと昇華されるという阪谷の政治構想については、河野有理『明六雑誌の政治思想――阪谷素と「道理」の挑戦』東京大学出版会、二〇一一年、第二章及び終章参照。

文献

長谷川如是閑「咄、ハイドパーク」（『倫敦』政教社、一九一二年。初出『大阪朝日新聞』一九一一年三月十五日。なお同篇は、飯田泰三・三谷太一郎・山領健二編『長谷川如是閑集』二、岩波書店、一九八九年からは除かれている。）
梁啓超「伝播文明三利器」（『自由書』飲氷室叢著四、上海・商務印書館、一九一六年。初出一八九九年）
宮崎滔天『三十三年の夢』（日本図書センター、一九九八年。初版一九〇二年）
田岡嶺雲『数奇伝』（『日本人の自伝4　田岡嶺雲『数奇伝』』平凡社、一九八二年。初版一九一二年）
福澤諭吉『福澤全集緒言』（慶應義塾編『福澤諭吉全集』一、岩波書店、一九五八年。初出一八九八年）
阪谷素「民選議院変則論（二）」（『明六雑誌』二七、一八七五年二月。引用は中野目徹・山室信一校注『明六雑誌　中』岩波文庫、二〇〇八年）
福澤諭吉『学問のすすめ』（『福澤諭吉全集』三、岩波書店、一九五九年。合本の初版一八八〇年）
北目徹「今日流行ノ演説ヲシテ利用ニ就カシメザルベカラズ」（『近時評論』一八八、一八七九年四月）
『東京絵入新聞』一二二六、一八七九年三月十八日
森有礼「明六社第一年回役員改選に付演説」（『明六雑誌』三〇、一八七五年二月）
『朝野新聞』一八七五年六月十三日
高瀬松吉編『明治英名伝』績文舎、一八八三年
『新聞雑誌』一二〇（一八七三年七月）
福澤諭吉『福翁自伝』（松澤弘陽校注『福澤諭吉集』新日本古典文学大系明治編10、岩波書店、二〇一一年。初版一八九九年）
福澤諭吉「慶應義塾紀事」（『交詢雑誌』三二四、一八八九年三月）
阪谷素「尊異説」（『明六雑誌』一九、一八七四年十月）
阪谷芳郎「自分の見たる朗廬」（『興譲館百二十年史』一九七三年）

森有礼「妻妾論（一）」（『明六雑誌』八、一八七四年五月）
加藤弘之「夫婦同権論の流弊（上・下）」（『明六雑誌』三一、一八七五年三月）
津田真道「夫婦同権弁」（『明六雑誌』三五、一八七五年四月）
福澤諭吉「男女同数論」（『明六雑誌』三一、一八七五年三月）
福澤諭吉『文明論之概略』（『福澤諭吉全集』四、岩波書店、一九五九年。初版一八七五年）
阪谷素「翻訳文字合議説」（『須天加多志』早稲田大学図書館蔵、請求番号・チ 6-4415-1 ～ 61）
西周「百一新論」（『西周全集』一、宗高書房、一九六〇年）
西周「教門論（三）」（『明六雑誌』六、一八七四年四月）
加藤弘之『国体新論』（上田勝美他編『加藤弘之文書』一、同朋舎、一九九〇年。初版一八七五年）
阪谷素「政教の疑（一）」（『明六雑誌』二二、一八七四年十二月）
阪谷素「政教の疑（二）」（『明六雑誌』二五、一八七四年十二月）
中村正直「西学一班（三）」『明六雑誌』一二、一八七四年六月）
西村茂樹「陳言一則」（『明六雑誌』三、一八七四年）
西村茂樹「修身治国非二途論」（『明六雑誌』三一、一八七五年三月）
柏原孝章「教門論疑問（一）」（『明六雑誌』二九、一八七五年二月）
西周「教門論（五）」（『明六雑誌』九、一八七四年六月）
西周「人生三宝説（三）」（『明六雑誌』四〇、一八七五年八月）

第二章　保守対啓蒙？——加藤弘之・福澤諭吉再考

一　光と闇？

本章では、加藤弘之と福澤諭吉という二人の人物を扱う。まずは経歴について簡単に押さえよう。

加藤は、天保七（一八三六）年に生まれ、大正五（一九一六）年、満八十一歳の長寿を全うして没した。但馬国（兵庫県）仙石に生まれ、江戸に出てのち、佐久間象山（一八一一—一八六四）、また坪井為春（一八二四—一八八六）の門に学んだ。万延元（一八六〇）年に蕃書取調所教授手伝、元治元（一八六四）年には公儀の直参（幕臣）となり開成所教授職並、明治元（一八六八）年より目付、のち大目付。明治四（一八七一）年には文部大丞、外務大丞。明治五（一八七二）年、宮内省四等出仕（侍読）。明治七（一八七四）年には左院議官、明治八（一八七五）年には元老院議官。明治十（一八七七）年から開成学校綜理、明治十二（一八七九）年、東京学士会院会員、明治十四（一八八一）年には東京大学綜理に任ぜられた。明治二十八（一八九五）年には宮中顧問官。明治三十八（一九〇五）年、帝国学士院長。明治三十九（一九〇六）年、枢密顧問官。主に教育・研究関係の要職を歴任した。勲一等、従二位、男爵。この華麗な経歴を自らも誇った。なお、後述の福澤の場合とは異なり、海外での遊学・留学経験を持たない。

主な著書としては、『隣草』『交易問答』『立憲政体略』『真政大意』『国体新論』『人権新説』『強者の権利の競争』『道徳法律之進歩』『天則百話』『道徳法律進化の理』『自然界の矛盾と進化』『我国体と基督教』『瞑想的宇宙観』『自然と倫理』がある。

福澤は、天保五（一八三五）年に生まれ、明治三十四（一九〇一）年に六十八歳で没した。大坂に中津奥平家の家臣の子として生まれ、父の死後、中津（大分県）に帰った。長じてのち、まず長崎、のちに大坂に出て、安政二（一八六五）年、大坂で緒方洪庵（一八一〇―一八六三）の適塾に入った。万延元（一八六〇）年、咸臨丸《かんりんまる》に乗り組み渡米、同年帰国後には公儀外国方の翻訳方に雇われた。文久二（一八六二）年、渡欧。文久四（一八六四）年、公儀の直参として召し出され外国奉行支配翻訳御用。慶應三（一八六七）年、再度アメリカへ。慶應四（一八六八）年、すでに営んでいた塾に慶應義塾と名付け公儀より退身。明治二（一八六九）年、中津奥平家より受けていた六人扶持を辞退。以後、東京学士会院の初代会長に選出され（明治十二（一八七九）年一月、ただし、明治十四年二月辞任）、東京府会議員として副議長に選出された（明治十二年一月十六日、ただしこれを固辞し、二十八日には議員も辞職）ことを除けば、もっぱら著述と塾の経営とにあたった。叙勲や官位の授与についてはかたくななまでにこれを拒否した。

主な著書は、『唐人往来』『西洋事情』『学問のすゝめ』『文明論之概略』『民情一新』『通俗民権論』『通俗国権論』『国会論』『帝室論』『福翁百話』『福翁百余話』『福翁自伝』。

それぞれ明治前期を代表する知識人としての評価はほぼ定着したといってよい。だが、その評価の方向性はあらゆる意味で対照的であった。両者は例えば次のように描かれることが多い。福澤は、戦後日本の英米流リベラル・デモクラシーの思想的源流の一つである。時事的な発言が多く、状況によっては相当にニュアンスは異なるが、その思想はあくまで英米流の学問を基調とし、男女の基本的な平等や人間の尊厳を重視するという前提において一貫していた。政府の介入を排し市場をはじめとする価値多元的な市民社会の活発な秩序形成に多くを期待し、自身も維新後は在野で活躍した。これに対し加藤は、戦前日本の帝国主義的思想を代表する人物である。当初こそ天賦人権論の立場によって立ったものの、のちにはそれを自己批判し進化論とドイツ流の学問へと〈転向〉した。優勝劣敗の競争を称揚する社会的ダーウィニズムの主張を繰り広げ、明治日本の帝国主義的膨張を賛美し、政府に迎合するいわゆる「御用学者」として活躍した。

光の福澤に対する闇の加藤。在野にあって英米流の自由主義を掲げた福澤と、官学アカデミズムにあってドイツ流の国家主義を掲げた加藤。敗戦をへて輝ける戦後民主主義の啓蒙精神としてのちに具現化することになる福澤の路線が、大日本帝国の現実を象徴する加藤の保守路線によって圧殺されていく。明治の政治思想史はそのように描かれることがほとんどであったといっても言い過ぎではないだろう。

加藤が、「天賦人権論」を「妄想」と断じ、「天賦人権論」に依拠したかつての自分の著書を絶版に付したことは事実である。新たな真理として進化論の「優勝劣敗」を福音と信じたことも事実である。また、帝国大学綜理をはじめとして教育行政に重きをなしたことも、すでに見たように、事実である。だが、こうした事実、とりわけその〈転向〉をもって加藤の学問的誠実を疑問視し、学問をもっぱら社会的栄達の手段として利用した人物と見ることは不当な予断といえよう。〈転向〉後の加藤も、政府の政策にすべて賛成をしていたわけではない。少なくとも彼は自らの学問的主張が論争を巻き起こすことを辞さなかった。そしてそうした論争は、彼の社会的立場を有利なものにしたわけでは必ずしもなかった。[1] また、彼の〈転向〉を社会的栄達や保身と結びつける従来の見解では、〈転向〉以前の彼がすでに、例えば民選議院設立建白といった〈急進的〉な改革案に対して、慎重な態度を保持していたことをうまく説明できない。〈転向〉の萌芽がすでに見られるという説明や、本来の〈保守的〉な本質の顕現という説明ではいかにも苦しい。「〈転向〉してから悪くなった」という説明と、「もともと悪いやつだったから〈転向〉した」という説明とが混在しているように見える。そのどちらにせよ「〈転向〉後の加藤は悪い」という結論が、いわば話の前提とされてしまっているのである。

加藤と福澤は互いを意識し合っていた。例えば、のちに『天則百話』と改題のうえで刊行されることになる『貧叟百話』(明治二十九〔一八九六〕年八月―三十一年十二月、雑誌『太陽』に連載)が、ほぼ同時期に『時事新報』上に連載されていた福澤の『福翁百話』(明治二十九年二月―明治三十年七月)を強く意識したものであることは、そのタイトルからして明らかである。「福」に対する「貧」と、無論自嘲を込めて、加藤は自らを規定したのである。福澤のほうも、その後やはり『時事新報』上に連載された『福翁自伝』(明治三十一年七月―明治三十二年二月)において、幕末の江戸城中を描くに当たっての叙述の焦点を加藤に据えている。福澤が世を去るのが明治三十四(一九〇一)年であるので、ほぼ最晩年に至るまで、福澤は幕末における加藤の行動の意味を考え続けていたことになる。

本章は、加藤と福澤両者の思想を、(やがては闇の勝利に終わる)光と闇との対決として描くことはしない。本章では、『福翁自伝』『福翁百話』と『天則百話』に注目することで、両者の関係を、二つのそれなりに妥当な政治思想の対抗関係として理解することを目指す。そのようにすることで、両者のライバル関係は、この時期の政治思想が持つ豊かなふくらみを照らし出す光源として、機能するはずである。

二　『福翁自伝』――政体と文明をめぐって

回想と追憶

「カラリとした」（福澤の好んだ言葉である）乾いて明るい語りを基調とするかに見える『福翁自伝』には、意外と多くの屈託が含まれている。そうした屈託は、例えば、加藤の登場について語る福澤に現れる。

或日加藤弘之と今一人、誰であつたか名前を覚えませぬが二人が裃《かみしも》を着て出て来て外国方の役所に休息して居るから　私が其処へ行て「イヤ加藤君　今日はお裃で何事に出て来たのか」と云ふと「何事だツて　お逢ひを願ふ」と云ふのは　此の時に慶喜さんが帰って来て城中に居るでせう　ソコで色々な策士論客忠臣義士が躍気となつて　上方の賊軍が出発したから何でも是れは富士川で防がなければならぬとか　イヤ爾うでない箱根の険阻に拠て二子山の処で賊を鏖殺しにするが宜い。東照神君〔徳川家康〕三百年の洪業は一朝にして棄つ可らず　吾々臣子の分として義を知るの王臣となつて生けるは恩を知るの忠臣となつて死するに若かずなんて　種々様々の奇策妙案を献じ悲憤慷慨の気焔を吐く者が多いから云はずと知れた加藤等も其連中で慶喜さんにお逢ひを願ふ者に違ひない(2)

慶應四（一八六八）年一月三日の鳥羽伏見の戦いに敗れた徳川慶喜が江戸に帰還（同十一日）したのち、「上方の賊軍」（東進する薩長軍）への対処をめぐって混乱する江戸城内の様子である。慶喜に主戦論を基調とした「奇策妙案」を献策しようと、「悲憤慷慨の気焔を吐く者」たちのあたかも代表であるかのように加藤の様子は描かれている。目前の政変に右往左往する加藤に対し、政権の帰趨からはすでに距離を取り「読書渡世の一小民」として生きていく覚悟を決めた福澤。こうした対比はこのあと、「戦争に極まれば僕は荷物を拵へて逃げなくてはならぬ」と発言した福澤に対して、「眼を丸く」した加藤が「ソンな気楽な事を云て居る時勢ではないぞ馬鹿馬鹿しい」と「プリプリ怒って居た」という描写によってさらに強調される。熱心な佐幕派としての加藤の姿を描くことで、その後、明治政府に出仕した加藤の節操のなさを読者に印象付けるという効果も、ここではおそらく意図されているだろう。

だが、『自伝』のこの叙述にはいくつかのトリックがある。まず、加藤がこの時期「主戦論」を抱懐していたという積極的な証拠はない。(3) そして、福澤自身がかつて加藤に負けない熱心さで「政治論」にコミットしていたという事実が、ここでは触れられていない。このわずか二年前、福澤は外国勢力の援助を利用してまで長州を「征伐」し、その余勢をかって同時に中央集権的な国制改革を行うよう進言していたのである（「外国の兵を以て防長音取潰《おとりつぶ》し相成、其上にて異論申立候大名も、只々御籏被為指向《おはたさしむけさせられ》、此御一挙にて全日本国封建の御制度を御一変被遊候程《ごいっぺんあそばされそうろうほど》の御威光を相顕候」〔「長州再征に関する建白書」慶應二年〕）。

もっとも、自らの「政治論」へのコミットメントの記憶を、福澤が完全に消去しているわけではない。ただし、その場合、思い出されるのは、慶應二（一八六六）年のこの「大君〔徳川将軍のこと〕のモナルキ」構想ではなく、文久二（一八六二）年のある「政治思想」である。

夫れでも私に全く政治思想のないではない。例へば文久二年欧行の船中で松木弘安と箕作秋坪と私と三人色々日本の時勢論を論じて其時私が「ドウだ　迚《とて》も幕府の一手持は六かしい　先づ諸大名を集めて独

逸連邦のやうにして如何と云ふに　松本も箕作もマアそんな事が穏やかだらうと云ふ(4)

福澤の回想が正しいとしても、この時点で福澤が「独逸連邦」をどのような国制として理解していたのかは、難しい問題である。福澤がこの時向かっていたのは、一八一五年のウィーン会議を受けて成立した国家連合(Staatenbund)としてのドイツ連邦(Deutscher Bund)が、一八三四年のドイツ関税同盟と普墺戦争を経て、ビスマルク率いるプロイセンを盟主とする連邦国家(Bundesstaat)としての北ドイツ連邦(Norddeutscher Bund、一八六七年成立)へと変容を遂げつつあるまさにその途上にあるヨーロッパであった。(5)どの時点の「独逸連邦」をイメージするのか、国家連合としてのそれか、連邦国家としてのそれなのかで、話は大きく異なっていたはずである。

にもかかわらず福澤がこの点を、詳らかにしないのは、両者の一見すると大きな差異は、慶應二(一八六六)年における福澤の「大君のモナルキ(monarchy)」構想と対置するならば、無視できるほどに小さいものであったからであろう。すなわち、「国家連合」か「連邦国家」かはともあれ、そうした構想が、慶應二年当時の具体的な政治史においては、雄藩を中心とした「大名同盟の説」を指すものであることは明らかなのであり、そうした「大名同盟の説」こそ、慶應二年の福澤がその危険性に警鐘を鳴らしていた当のものでもあったはずなのである。

同盟の説行われ候わば、随分国はフリーに相成るべく候らへども、This freedom is, I know, the freedom to fight among Japanese. いかように相考へ候とも、大君のモナルキにこれ無く候ては、ただただ大名

同士のカジリヤイにて、我国の文明開化は進み申さず[6]（慶應二年十一月七日）

「大名同士のカジリヤイ」＝anarchyを防ぐべく、外国勢力の助力を借りても「大君のモナルキ」＝monarchyを実現する。慶應二年に一度は明確にコミットしたはずのこの立場を、『自伝』の福澤は忘れ去ったかのようである。代わりに登場するのは、文久二（一八六二）年における「大名同盟の説」のほうなのであった。文久二年の「大名同盟の説」から、慶應四（一八六八）年における脱「政治論」へという一見分かりやすい物語が現れる。忘却は別の追憶によって上書きされた。こうした「忘却」と「追憶」とが織りなす『自伝』の（実は）屈折した語りは何に由来しているのか。

「政体」の発見

文久二（一八六二）年から慶應二（一八六六）年そして慶應四（一八六八）年へといわば変説を繰り返した福澤に対し、その間の加藤は「政治論」において見事な一貫性を示していた。

加藤がはじめてその構想を明らかにしたのは文久元（一八六一）年の『隣草』である。時事への直接的な言及という形を避けるために清朝にことよせた本書において、加藤はまず「武備の外形」にもっぱら意を払う既存の改革論を一蹴する。より重要なのは「武備の精神」、さらにはそうしたものを担保する「人和」「仁政」であるというのである。そのうえで加藤は、こうした「人和」「仁政」を実現する政治の方法としての「政体」に説き及ぶ。「万国の政体」を「君主握権」「上下分権」「豪族専権」「万民同権」の四つに分けたうえで加藤がその採用を強く推奨するのは、「公会」（議会）の存在をそのメルクマールとする「上下分権」の政体である。

しかし、ここで問題が生じる。東アジアの（政治）社会体制論の伝統的カテゴリーである「封建」と「郡県」とこの「上下分権」との関係如何という問題である。具体的には次のような問いに加藤は応答する必要を感じていた。

問曰　足下《そっか》〔あなた〕の説実に理に当たれり、但西洋各国皆郡県にして此政体を用る者なれば今郡県の清朝にて之を用るは適当せることなるへけれとも若し三代の如き封建の世に之を用いては其利害如何あるへき(7)

ここで「封建」とは、大雑把にいえば、各諸侯が領地を世襲する政治社会体制のこと。「郡県」とは、中央から派遣された官吏が各地を支配する政治社会体制のことを指している。さて、「西洋」と「清朝」はこの意味での「郡県」制である。そうであれば、「上下分権」の「政体」の必要条件は、「郡県」制なのであって、「封建」制（具体的には当時の江戸社会）には移植不可能な制度なのではないだろうか。こうした反問に加藤は以下のように応える。

答曰　僕が考る所にては縦ひ封建にても郡県にても此政体を能く用ることを知れば決して之れか為に害を生ずることはなかるべし、若し封建の世なれば各州の諸侯よりも其邦領の大小戸口の多少等に従て其出す所の公会官員の多少を定め大事若くは非常の事或は万民の苦楽に関すること等起こる

ときは必ず之を会衆せしめて其事を謀議すべきなり、然るときは諸侯も其仁政に懐き朝廷を仰て真忠を尽くさんこと疑ひなし(8)

ここで加藤の狙いは、単に「上下分権」の「政体」の適用の妥当性をめぐる技術的な議論――それが清朝のみならず徳川日本にも可能であるという弁明――以上のものであった。一つにそれは、理論的な次元において、当時盛んに行われていた「封建」「郡県」論の重要性を否定することにあった。「封建」制と「郡県」制のどちらが望ましい政治制度なのか。こうした形での議論の有用性を否定し新しい議論の土俵を設定するために、加藤は「政体」概念を導入したのである。「政体」。それこそが議論の新しい土俵となるべきなのであった。二つにそれは、具体的な政策論の次元において、地方割拠的な「封建」制を破砕し強力な統合主体を創出しようとする当時の「郡県」論を牽制することである。続く部分で加藤はいう。

然るに勉めて諸侯の権を奪はんと欲して諸侯をして少しも国事に喙《くちばし》を容ること能はさらしむるときは朝廷の大権一時盈《えい》たる〔みちる〕が如しと雖とも其実は却りて諸侯をして朝廷を怨ましむの原因にして若し一旦事起るときは諸侯の為に害を受ること少からさるべし(9)

「諸侯の権」を奪い「少しも国事に喙を容ること能はさらしむる」こと。こうした「郡県」化の試みは、結局のところ、「諸侯をして朝廷〔ここでは当然徳川家のこと〕を怨ましむ原因」となる。したがって、「縦ひ封建と雖とも人和を破らさらんことを欲せば必ず上下分権の政体を立てすして叶《かな》はさるなり」というのである。必要なのは、「郡県」ではなく、「封建」を維持したままでの「上下分権」の「政体」の導入であった。

「郡県」論に対する加藤のこの批判の射程が、文久当時の言論状況のみならず、慶應二年の福澤の「大君のモナルキ」構想に及ぶことは明らかである。事実、「封建の御制度」の「御一変」を提唱する福澤の構想は当時、「群姦の存意は日本列藩を倒して郡県となし上は天子をなみし西洋之国体同様に到之企有之此度《このたびの》長州御進発も矢張長州を倒し次第に列藩を滅之趣意」（『改訂　肥後藩国事史料』巻六）とも受け止められていた。当時の語彙に引きつけていえば、文久二（一八六二）年の「大名同盟説」の福澤は「封建」論者であり、慶應二（一八六六）年の「大君のモナルキ」の福澤は「郡県」論者であった。そして、加藤の視点からいえば、「封建」と「郡県」との間を右往左往する福澤の姿は、「政体」概念を導入した加藤が克服しようとしたまさに当のものであったはずである。

「郡県」がはらむ tyranny（それは「朝廷」への「怨み」をもたらす）と、「封建」がはらむ anarchy（「大名同士のカジリヤイ」）とを同時に防ぎ、「郡県」の持つ統合の要素と、「封建」の持つ分権の要素とを組み合わせる。権力の多元的な構造を維持しつつ統合（「人和」「真忠」）をも確保する。それこそが「上下分権」の「政体」構想に込められた加藤の狙いである。

　こうした議論の基本的構成は、「代天政治或は盟邦、合邦、封建、郡県等の制度ありといへとも皆此五政体〔君主擅制・君主専治・上下同治・貴顕専治・万民共治〕の一に居らさる者なし」とされる慶應四（一八六八）年の『立憲政体略』においても変化していない。[10]「政体」の数は四つから五つへ、また「上下分権」は「立憲政体」と言い換えられ、そして何より統合の主体はもはや徳川政府ではなく明治政府が想定されているにもかかわらず、変化していないのである。加藤にとって、いわゆる王政維新でさえも、それは理論的な転向を迫る出来事ではなかったのである。この間、転向を繰り返したのは福澤であり、加藤ではなかった。「封建」「郡県」論の磁場から抜け出し、「政体」論に照準した加藤の議論の強靭さに、福澤が無自覚であったはずはない。だが他方で、福澤もまた加藤の「政体」論に対抗しうる武器を手にしていた。それは「文明」論である。

明治八年の加藤と福澤

文久から慶應にかけて一貫していた加藤の政治構想が再考を迫られるタイミングがあるとすれば、それは明治四（一八七一）年の廃藩置県であった。三百にのぼる諸侯の統治を一挙に廃したこの「政治クーデタ」は、当時、「郡県」の実現と見なされた。無論、すでに述べたように、加藤の理論構成は「封建」「郡県」論自体を止揚する「立憲政体」を目指したものであった。だが同時に、彼の「立憲政体」構想はこれも見てきたように、その前提を社会の「封建」的構成を前提にしていたものであった。「郡県」の実現（「封建」の廃止）は、その実、加藤の「立憲政体」構想の理論的な基礎を脅かす事態なのである。

「封建」消滅に際して加藤が抱いた危機意識は、福澤を相手どって行われた論争においても、見ることができる。明治八（一八七五）年、明六社において、直接には議会の即時開設を求める民選議院設立建白についての賛否をめぐって行われたこの論争で、よく知られているように、加藤は尚早論を福澤は即時開設論をそれぞれ主張した。だが、注目すべきは結論よりもむしろその理由付けのほうである。民選議院に賛成した福澤も、反対した加藤も、その立論の根拠を廃藩置県に置いていた。廃藩置県によって実現した「郡県」を高く評価したのは福澤であり、廃藩置県によって失われた「封建」を愛惜したのは加藤であった。福澤は、廃藩置県による「郡県」の実現と民選議院とをともに「自由の暁光」として捉える（「廃藩置県也、民選議院也、皆自由の暁光を人に視認せしむるゆへんの門戸なり」）。

廃藩置県を「自由」の実現と見なす福澤に対し、廃藩置県は「自由の力」ではなく「勤王と云一種東洋習気の勢力」によってもたらされたとする加藤は、次のようにいう。

故に仮令廃藩置県を辛未〔明治四年〕に為さずして、長棒の駕〔ここでは大名のこと〕依然今日に存し都下を横行せしむるとも、人民の自由は決して之が為沮歇《そけつ》〔阻止〕〔せ〕さるべし。何となれば自由は抵抗刺衝より起るものにして、而抵抗刺衝は他物之抑圧より生ず。前日藩治各其所管士民を鼓舞作興し、知事の民を専制する固甚しく、民の之に抵抗するも亦随て強し。其抵抗既に強ければ、則自由の力此に起る必せり。(11)

加藤の見るところ、「自由」は「藩治」（「封建」）においてむしろ生ずる。すなわち「自由」は「抵抗刺衝」より起こり、「抵抗刺衝」は「他物之抑圧」から生ずる。「封建」における統治者の「専制」と、それに対する被治者の「抵抗」から、「自由」は生まれてきたのである。「郡県」の実現は、したがって、この「自由」の存在基盤を根こそぎにすることを意味する。「自由」の上に立脚するべき民選議院は、「郡県」においてはその基礎を欠いている。加藤はやはりここでも、「封建」が議会制＝「立憲政体」の論理的前提であることを主張しているのである。

対する福澤の廃藩置県（＝「郡県」）に対する肯定的な態度は、加藤との討論会のみならず、『福翁自伝』

に至るまで持続的に一貫していた。そこには、福澤にとって「封建」制の内実が、加藤にとってそうイメージされたようなある種の社会の多元性などではなく、世襲による「門閥」の支配であったという事情が、介在していよう。だが、『文明論之概略』巻之四「西洋文明の由来」において、「自由独立の気風は日耳曼《ゼルマン》の野蛮に胚胎せり」とし、「自由は不自由の際に生ず」（巻之五）と説いた福澤が、「封建」と「自由」との間のこうした連関に無自覚であったはずはなかろう。

それどころか事実、例えば陸羯南が「彼〔福澤〕は社交上において階級儀式の類を排斥すれども、旧時の遺物たる封建制には甚だしき反対をなさざりき」（『近時政論考』）と鋭くも見抜いていたように、福澤にも「封建」的な構想は見られる。

それは一つには、続く部分で陸がやはり「中央集権の説に隠然反対して早くも地方自治の利を信認せり」と指摘するように、『分権論』（明治十〔一八七七〕年）を中心とする「地方自治」構想である。二つ目は――本章の視点からはこちらのほうがより重要なのであるが――彼の「文明」構想である。この「文明」構想こそ、加藤の「政体」構想に対抗するべく福澤が練り上げた武器であった。

慶應二（一八六六）年刊行の『西洋事情初編』において福澤は、冒頭、「立君」「貴族合議」「共和政治」という「三様の政治」のあり方を語りはする。ところが、加藤であれば「政体」と名付けたであろうこうした政治の方法は、福澤の説く「文明の政治」の条件のうちには含まれない。「政体」についてはそれ以上ほとんど説くことのない福澤が、「文明の政治」の六条件としてあげるのは、「自主任意」「信教」「技術文学」「学校」「保安任意」「病院貧院」といった要素なのであり、そこで詳述されるのは、税や国債の仕組みあるいは福祉・社会保障制度の具体的なあり方である。福澤における「政体」の軽視は、「英国政府の安妥なる所以は其政治の体裁に由て然るにはあらず」（巻之二）とする『西洋事情外編』にも見える。これは、『文明論之概略』において再度、「政治の名を何と名るも畢竟人間交際上の一箇条たるに過ぎざれば、僅かに其一箇条の体裁を見て文明の本旨を判断する可らず」（巻之一）と言いかえられることになるだろう。

福澤にとって重要なのは、「政府の体裁」（「政体」）それ自体ではなく、そうした「政府の体裁」を囲繞し、それを支える風俗や社会全体の仕組み、すなわち「文明」である。「自由」を保障する、諸「自由」間の多元的な拮抗状況は、したがって、この「文明」において実現されるべきなのであって、「政体」にそれを求める必要はない。逆にいえば、だからこそ政府それ自体は統合的で強力なものであることが望ましい。こうした態度は、慶應四年の『立憲政体略』において、あくまで「政体」の内部に司法・行政・立法という三権の抑制均衡を埋め込もうと努力していた加藤の姿勢とはまさに対照的であった。

「政府の体裁」をあくまで「文明」の関数にすぎないものと見なし、だからこそ政府それ自体は有効に機能する強力かつ効率的なものが望ましいと見た福澤に対し、加藤は「政体」の次元に照準し、分権と統合のバランスの問題を、もっぱらその次元で解こうとしていた。「政体」に着目することで一直線に政治に切り込もうとする加藤と、「政体」を囲繞する様々な諸制度から迂回的に政治について考える福澤と。「政体」論か、「文明」論か。『福翁自伝』の記述中に織り込まれているのは、幕末から明治初期にかけての激変期のなかで、福澤と加藤との間に存在したこうした思想的対決の記憶なのである。

追憶と忘却の力学を規定するのは過去だけではない。「現在」も重要である。次に晩年にさしかかっていた彼らの当時の議論を見よう。

三　『天則百話』──「天」をめぐって

『天則百話』

明治二十九（一八九六）年六月十五日午後七時三十二分。岩手県上閉伊郡（現・釜石市）の東方沖二百キロを震源として起こったマグニチュード八・二─八・五の巨大地震が、東北地方一帯を襲った。震度はさほど高くはなかったものの長い横揺れが続いた。地震発生から約三十分後の午後八時七分。津波がやってきた。到達範囲は北海道から宮城県、さらにはハワイやカリフォルニアにわたり、三陸地方では実に海抜三十八・二メートルに及んだ。当然、被害は甚大であり、判明しているだけでも死者・行方不明者は二万千八百八十八人、流出倒壊家屋は一万七千二百三十一戸にのぼった。(12)

この災害は、当時、全国的に形成されつつあった新聞・雑誌メディアの流通網にのって、様々に報道された（三陸海岸という呼称もこのときを境に広く普及した）。大量死をもたらしたこの「天災」について──その二十年後にやってくる大正大震災時と同様に──やがて天譴論が現れた。地震・津波という自然災害に伴う大量死は、人知を超えた超越的なものによる、何らかの意味での警告である、という議論である。だがそれは、「天災」を「天の代理人」たる統治者の道徳修養の失敗に起因するものとし、したがって統治者個人に対する警告と見なす、儒学的な意味での天譴論とは異なっていた。被災者を含む一般の人々や社会一般のあり方が譴責の対象とされていたからである。(13)

加藤は、『天則百話』でこうした意味での天譴論を念頭に置きつつ、それに反論を加えている。被災者の苦境は、果たして「前世」の「因果応報」なのだろうか。

果たして然らば、三陸の海辺数十里の町村は、悉く前世の悪業者を以て充たされ居たるの道理にして、頗る不思議千万なることにあらずや、然れども是れ絶て証拠のあらざることにして、荒誕無稽の極と云はざるを得ず、妄に一の証拠なき荒誕無稽の説を立て、以て罹災者其人を辱しむるに至りては、実に失礼千万なることにあらずや。

（「因果問題と三陸海嘯」[14]）

かくして加藤は、「海嘯災害の因は、絶て其人の行為の善悪又は勉不勉等にあらずして、全く自然的現象の偶発にありと知るべし」と力説する。地震も津波も自然現象にすぎない。そこに道徳的な意味での因果関係など存在しようはずもない。加藤は仏教的な因果応報説に加えてさらに、キリスト教系新聞に見える天譴論的な論調を取り上げ、やはり同様に「荒誕無稽の説」によって「罹災者其人を辱しむる」ものとして、これに筆誅を加えるのである。

種々雑多な話題からなるアンソロジーともいうべき『天則百話』であるが、取り上げられる話題中で多くを占めるのは、宗教についての論説である。宗教に対する加藤の評価は極めて低い。一言でいえば、それは「迷信」である。こうした「迷信」に対置されるのは、「科学的研究に由て発見し得らる」べき「真理」である。「此科学的研究に由て得たる真理を信仰することこそ独り科学的信仰、即ち真正の信仰と云ふべき」なのである。「学者」を自認する加藤の信仰は、当然ここに存する。

では加藤は、こうした「科学的信仰」の立場によって、「迷信」としての既成宗教批判を展開したのであろうか。そうではなかった。加藤は既成宗教をあくまで「迷信」としつつ、「迷信」それ自体の必要性をむしろ強調する。それは「安心」をも提供するからである。

凡そ宗教なるものは全く無智蒙昧の徒に安心を与へんが為めの具に過ぎざれば、到底吾人に真理を教ふるものにはあらずして、只管無智蒙昧の徒に了解し易き、浅近の理を説くを種とするものなれば、万種の宗教皆迷信を無智蒙昧の徒に、吹き込む者と云はざるを得ず。（「迷信」[15]）

加藤が宗教を「魔酔剤」に喩え、「無智人民の心神的痛苦を医するには其無形的魔酔剤を用うるの外一術もあらず」というのもこうした趣旨からである（「宗教は宛かも魔酔剤に似たり」「無宗教の学者にも猶信仰あり」）。宗教に対する侮蔑的な態度と、それを社会の秩序維持のために有効な道具として利用しようとする態度とは、加藤においては矛盾せずに同居している。

したがって加藤は、例えば、「富豪社会」に宗教を鼓舞することを提唱しさえする。経済的には裕福だが品行の劣った「賤劣紳士」に対して、「宗教心は甚だ有益」なのである。「此輩をして高尚なる学問界に向はしめんとするが如き」は、到底望みえないが、「之を宗教に導くは、左迄困難にもあらざる」というのである（「富豪社会に宗教心を鼓舞すべし」）。宗教は死後の安心を提供することを通じて、品行の改良にも資する。

では、どのような宗教が有用なのか。加藤が推奨するのはキリスト教であって仏教ではなかった。加藤は当時の仏教界の腐敗を深刻なものと見ており、教化能力の点で、仏教よりもキリスト教のほうがはるかに高いと見なしていたのである。

とはいえ、加藤がキリスト教を手放しで認めていたわけではない。その教化能力に対する高い評価は、他方で、警戒の原因ともなった。加藤は『天則百話』中においても、キリスト教は「国体」に反しているとの主張に多くの紙幅を割いている。

基督教の如きは、到底仏教の如く、吾が国体に同化すべき性質のものとは思はれず、惟一真神を以て、天地の造化主となし無上絶対の至尊と立て、天子人民共に此至尊に対して、奴隷に均しきものとなすことなれば、随て吾が邦の基督神者にして、該教の拝像禁を株守して、遂に陛下の尊影に対して、拝礼を拒む者も、往々なきにならず。（「再び信教自由に就て」）[16]

「国体」に同化された仏教とは異なり、いわゆる偶像崇拝の禁止を「株守」するキリスト教は「吾が国体」と相いれない。そのように主張する加藤の念頭にあるのは、内村鑑三（一八六一―一九三〇）によるいわゆる「不敬事件」（明治二十四〔一八九一〕年）である。第一高等中学校の嘱託教員だった内村が、式典において天皇の写真に最敬礼（敬礼自体は行った）を取らなかったことが問題となったこの事件を、加藤はキリスト教が「国体」に反している証左と見る。加藤は、「信教の自由」（信仰の自由）自体は、大日本帝国憲法第二十八条によって保障されていることを認めつつ、その「安寧秩序を妨げず、及び臣民たるの義務に背かざる限に於て」という同条における但し書きを根拠として、「吾が憲法は此の如き信者を強迫しても、〔偶像〕拝礼をなさしむるの力あるものと解釈するこそ、当然のことなりと信ず」（「基督教の偶像拝礼の禁に就て」）との強硬な主張を展開するのである。

加藤にとって「宗教」とは、徹頭徹尾、世俗的な政治権力の目的に奉仕するべき存在である。したがって、その目的に奉仕する限りでは有用でもあり得る。だが、その宗教が世俗の権力を否認し、あくまで彼岸の価値に殉じようとするならば、屈服させなくてはならない。

『福翁百話』

宗教をめぐる問題について、それでは『福翁百話』は、一体何を語っているのだろうか。一見したところ、福澤の宗教観と加藤のそれとは共通点のほうが多いように思われる。

まず第一に、福澤も加藤と同様、自然科学の進歩を、全面的といってもよいほどに、信じていた。「物理学」「数理学」の必要性は、「独立の精神」と並んで彼の常に強調するところであった。しかも「物理学」「数理学」への信頼は、他方でやはり、「迷信」に対する侮蔑と反感を伴っていた。こうした態度には、晩年にいたるまで、いささかの揺らぎも見えない。『福翁自伝』においては、「幼少の時から神様が怖いだの仏様が難有いだのということは一寸もない、卜筮《ぼくぜい》呪詛一切不信仰で、狐狸が付くというようなことは初めから馬鹿にして少しも信じない」という態度が、「神様の名のある御札」を踏み「稲荷様の神体」を捨ててしまうといった具体的なエピソードとともに、回顧される。『福翁百余話』でも、「我日本国の新文明」の成功の最大の原因としては、文明の「入来」が「正にこの物理の門よりしたるの一事」にあるとされ、自らの師であった緒方洪庵をはじめとする蘭学者たちの（主に医学や物理学に注力した）姿勢が称賛されている。また、『福翁百話』では、「方位」や「日柄」に囚われ、「加持祈禱」を頼みに「神仏の利益」にすがろうとする当時の人々のありさまを戯画的に描き、漢方医や民間療法の一掃を説いている。

さらに第二に、ここでも加藤と同様に、その迷信への反感にもかかわらず、既成宗教は、治安や品行維持のために利用可能な資源として意識された。例えば、福澤は「愚民」と「士人」とを峻別し、宗教は前者にとってのみ必要なのだと説くことがある。「士人」が宗教を持たないのは、例えば西洋と比べた場合の、日本の利点である。福澤はそのような主張をさえ展開する。

宗教の外に逍遥してよく幸福を全ふするは我日本の士人に固有する一種の気風にして、西洋諸国上等の社会が宗門に熱心して、動もすれば親戚朋友の間にも論争を起し、小は日常交際の苦情、大は人民殺戮の惨酷を見るが如き流儀に比して、精神の自由不自由、万々同日の論に非ざるなり。[17]

迷信に囚われた「愚民」とそうしたものから自由なエリートという図式を前提に、具体的な健康被害を伴うような迷信については、近代的な科学的真理の立場によって啓蒙しつつ、死後の安心や道徳的情操の涵養といった社会の秩序維持に必要な局面においては、利用もする。こうしたご都合主義的な姿勢において、加藤と福澤の宗教観は共通しており、それは『福翁百話』にもそのままの形で表れているように見える。例えば、同書で福澤は自身の立場について、「今の所謂宗教を信ぜずして宗教の利益を説」くものとし、「世に宗旨なるものありて先ず人の信心を固うし、宗祖の教と称し天の福音と唱え、一向一心に善に向わしめるの方便」を肯定している（「善悪の標準は人の好悪に由て定まる」）。

だが、両者の間には、違いもある。それは例えば「天」のとらえ方の違いに現れる。加藤は『天則百話』において、その題名にもあるとおり「天則」について多くを語る。加藤にとって「天則」とは「宇宙に通じ古今に渉りて、万物の生滅消長、集散分合、盛衰栄枯を支配するもの」であり、「凡そ万物変化の原因結果は全く此天則に依り、一定の規律を以て働くもの」とされる。それは物理法則や自然法則と言いかえることのできるものだろう。そうした自然法則には怪奇なもの、超常的なものの入り込む余地はない（「天則は毫も紳変奇怪、偶然の存在を許さざるなり」「天則」『加藤弘之講演全集』第一冊）。

『福翁百話』で福澤も「天」について多くを語っている。だが、それは加藤の想定するものとは大きく異なっていた。「天」とは、福澤の見るところ、「唯《ただ》宇宙に行わるる無量無辺、無始無終、至大至細、至強至信、到底人智を以て測るべからざる不可思議の有様」を文字に託したものである（「宇宙」）。「広大無辺」にして「不可思議」なるもの。それが福澤における「天」である。

もちろん、そのようにいったからといって、「数理」「物理」の進歩に対する信頼が揺らいでいるわけではない。だが、「数理」「物理」による探究が進めば進むほど、「至大至重」の世界も、「至細至微」の世界も、同様の自然法則が貫徹することに人は「全然不可思議と云うの外なし」との感慨を抱かざるを得ない。自然法則の探究それ自体は、そうした自然法則が存在すること自体の「不可思議」を説明できないのである。

人間による自然法則の発見とその利用が進めば進むほど、それでも汲みつくせない「天」の広大さに思いが及んで来る。「天の力は無量にしてその秘密に際限あるべからず」との感慨も生じる（「造化と争う」）。人間が「天」や「造化」の「秘密」を暴き出して自らの領分としていくその過程にどうやら終わりは見出せそうもない。

「天」の広大さ、そこに貫徹し妥当する自然法則、それ自体の「不可思議」さ。そうした感慨に打たれるとき、「人事」の一般は小さく無意味なものと見えてくることもあろう。そもそもこうした「不可思議」な

「天」が、個人の運命はおろか人類文明の行く末に、好意的な関心を抱いているという保証はどこにもない。もしそうであってみれば、人間の営みのおよそすべてがほとんど無意味な戯れにすぎないということにもなろう。そこにはニヒリズムが大きな淵をあけて待ち構えているのである。

「因果応報」と「人間蛆虫」

虚無感をさえ感じさせかねない「天」の広大さ。福澤は、しかし、虚無感それ自体を強調するよりは、むしろ、そうした「天」の広大さを認識しつつ、「人事」の領域拡大に邁進して行く人間の姿勢をどうにかして保とうと試みる。

そこで福澤が持ち出すのは、「天」への無条件の信頼である。「天道」は、総体において、「人に可」なのである(「天道人に可なり」)。なるほど、「天道の広大」、「宇宙」という「大機関の運動」は、「人智を以て測る」ことができない。そしてだからこそ、この世では必ずしも善行は報いられず、悪徳が罰せられるわけではない。不意の事故、さらには不慮の天災は、どのように勤勉で有徳な個人の上にも襲い来る。それでもなお、大体において、善行には善果が、悪行には悪果がもたらされる。福澤は「因果応報」をこのようなものとして理解する。そうした「無形」の「因果応報」――それは加藤が峻拒した考え方である――を理由抜きに信頼することが必要なのである。福澤はそのように主張する。

吾々は只今の実際に現われて吾々の耳目に触れたる事績に徴し、因果応報の真実無妄なるは有形界も無形界も正しく同一様にして到底瞞着すべからざるを信じ、言行共に悪を避けて善に近づき、先人に対してはその辛苦経営の功徳に報じ、後世子孫の為めには文明進歩の緒を開かんと欲するのみ（「因果応報[18]」）

こうした「天道」とそれがもたらす「因果応報」への信頼を基礎に置けば、「天」の「広大無辺」さと、それに引き比べた場合の人間の矮小さを突き詰めて認識することは、むしろ人を能動的な行動へと駆り立てる梃子の役割を果たすことになる。福澤の「人間蛆虫《うじむし》」論である。

宇宙の間に我地球の存在するは大海に浮べる芥子《けし》の一粒と云ふも中々おろかなり。吾々の名づけて人間と称する動物は、此芥子粒の上に生まれ又死するものにして、生まれて其生るる所以を知らず、死して其死する所以を知らず、由て来る所を知らず、去て往く所を知らず、五、六尺の身体僅に百年の寿命も得難し、塵の如く埃の如く、溜水に浮沈する孑孑《ぼうふら》の如し。……可笑しくも亦浅ましき次第なれども、既に世界に生れ出たる上は蛆虫ながらも相応の覚悟なきを得ず。即ち其覚悟とは何ぞや。人生本来戯と知りながら、此一場の戯を戯とせずして恰も真面目に勤め、貧苦を去て富楽に志し、同類の邪魔せずして自ら安楽を求め、五十七十の寿命も永きものと思ふて、父母に事へ夫婦相親しみ、子孫の計を為し又戸外の公益を謀り、生涯一点の過失なからんことに心掛こそ蛆虫の本分なれ。否な蛆虫の事に非ず、万物の霊として人間の独り誇る所のものなり。（「人間の安心[19]」）

「天道」や、その「因果応報」への信頼。またそうした信頼を前提としつつ、人生を「戯れ」と見ることにより、虚無感を行動のエネルギーへと転轍させていくこと。福澤が「人間の安心法」と名付ける、こうした心の持ちようの提唱は、福澤の宗教論といっても差し支えないものであろう。そしてこの意味での宗教は、福澤にとって「愚民」にのみ必要なものとしての、利用の対象としてあったのではなかった。事実、例えばかつて「士人」は宗教に無縁であり不要であるとしていた福澤は、『福翁百話』では、「日本の士族学者流にその素質なきが故に宗教に入ること難しとの結論は、我輩の服せざる所なり」と前言を翻している。

士族の一流は今や封建の君臣宗を脱して正に方向に迷うの時なり。その生来の心事淡泊ならざるのみか、実は却て濃厚にして、真実磊落なる者にあらざれば、その信心の方向を転じて宗教に入ること甚だ易し。士族も学者も之を平均すれば唯是れ盲者千人の社会のみ。宗教の感化を被りて至極相応なるべし。（「士流学者亦淫惑を免かれず[20]」）

「天」の宗教

『福翁百話』で福澤は、単なる利用の対象としてではなく、信仰の対象としての宗教について、真剣に考えた。その際に浮上するのは、造物主なしに生成し循環する「天」の理念である。この「天」は、時に逸脱（「天災」）を見せつつも、基本的には人間とそれが築く文明を嘉している。福澤は儒教を、とりわけその尚古主義において、厳しく非難しつづけた。だが、ここで掲げられている「天」の理念には儒学の影が明らかに見てとれる[21]。『福翁百話』において福澤は「文明」が最高度に発展した状態を「天人合体」と表現する（「人事に絶対の美なし」）。またそうした状態を「智」と「徳」のユートピアとする福澤が、「智」を代表するニュートンと並べて「徳」の代表者としてあげるのは七十歳の孔子である（「七十而従心所欲不踰矩」『論語』

為政篇)。『福翁百余話』において福澤は、「智徳」のほかにも「忠」や「孝」といった儒学に由来する概念について語っている。福澤はここで、「天」の「因果応報」への信頼を基礎にした新たな道徳体系の提示を試みていたのである。そして加藤が反発を隠せなかったのはまさに、福澤におけるこうした「天」の宗教とその道徳体系であったろう。

加藤も、例えばキリスト教と比較して、儒教を(やはりその尚古主義は峻拒しつつ)高く評価することがある(「漢学」「孔夫子」)。しかしその際の評価の要点は、儒教の世俗主義的な性格にあるのであって、儒教における「天」や「道」の理念ではなかった。そのことは、例えば、加藤が、「道」の自然性を否定し、道徳を統治者の作為と見なす荻生徂徠を思想家として高く評価することにも現れているだろう(「ホッブス徂徠及二宮」)。

道徳を宗教同様やはり統治の道具と見なす加藤と、「天」の「因果応報」を信頼することを通して新たな道徳を提示しようとする福澤とは、「天」の概念をめぐってここでも激しく対峙していたのである。

四　福音とアンチ・キリスト

福澤の「天」の宗教によって実際に救われた人もいたようである。二十七歳にして不治の病により死の床にあったある若者は、その友人によると、次のように述懐したのだという。

福翁百話の文章に、人間万事児戯の如しといひ、或いは常に物の極端を考へて居れと言ひ、或いは戯れ去り戯れ来たるなど言ふ語あり。これらの語は、今生死の境に在る余に取りていかばかりの力となれるぞや。余はかく危篤なるも、更に心に迷ふことなし。折々滑稽をまで口にするを得るは、皆先生の賜物なり。

この若者は、臨終に際して身体の苦痛を訴えていたが、友人の「「ゴット」君を守り居るれば大丈夫なり」との呼び掛けには、「ゴトゴト言ひたまふな」と「洒落」で返した。彼が死去したのはそれから一時間ほどのことであったという。これについてキリスト者植村正久(一八五七―一九二五)はいう。

彼は実に福澤翁の思想に化せられ、『福翁百話』をそのバイブルとし、人生は「真面目です。ゆえに我々は今日今日を大切と思ひ、一生懸命にやらなければなりません」とて、この世を人生の最始最終と信じ、この世を円満に送るを人生の目的となし、これをもって安心し、自ら言ふところの迷ひなく過ごしたるなり。[22]

このようにいう植村の口調はおそらく暗い。植村はかつて、福澤の「安心法」について「これ福澤先生の福音なり。これ真正の福音なるか」と問うていた。福澤の宗教は、実際に人々に「福音」として響きうる。「日本はこの預言者に導かれて、真個の楽地に達するを得べきか」[23]。答えは否である。その思想形成において福澤から大きな影響を受けた植村は、しかし、福澤が偽預言者として信仰の前に立ちはだかる可能性を、真剣に憂慮しているのである。

加藤弘之が世を去った大正五（一九一六）年、やはりキリスト者内村鑑三は『聖書之研究』に「故加藤博士と基督教」を掲載した。

博士は、すべての宗教の敵であった。殊に基督教の敵であった。彼は、彼が基督教に対して懐いた憎悪を言い表すのに足りる言葉をもたなかった。彼は、基督教は迷信であると言った。真理の敵であると言った。日本国の国体と両立し得ない、その害物であると言った。そして、日本学会の大権威である博士の痛撃に遭って、日本国における基督教は、微塵に壊されたように感じられた。(24)

だが、「基督教は博士の攻撃を受けて壊れなかった。基督教は今なお前のように、日本人の霊魂の深所に侵入しつつある」。このようにいう内村の口調はさながら凱歌の如くである。

宗教をあくまで「迷信」とし、徹底的な侮蔑をもってした加藤と、そうした前提を共有しながらも、新たな「天」の宗教を構想した福澤と。例えば、キリスト者にとって、どちらがより危険であるのかは、必ずしも自明ではなかったのである。

加藤と福澤と。どちらが〈良い〉、進歩的な思想家なのか。どちらが〈悪い〉、反動的な思想家なのか。そうした問いの立て方によっては汲みつくすことのできない陰翳が、二人の思想的対決の間に存することだけは、おそらく確かである。

註

(1) 伊藤博文は、文部官僚として加藤よりもつねに森有礼のほうを高く買っていたし、山縣有朋は、女婿であるにもかかわらず、加藤を決して重用しようとはしなかった。田頭慎一郎『加藤弘之と明治国家——ある「官僚学者」の生涯と思想』〈学習院大学研究叢書四二〉、学習院大学、二〇一三年、一八一、二四四頁。
(2) 福澤諭吉『福翁自伝』、松澤弘陽校注『福澤諭吉集』新日本古典文学大系明治編10、岩波書店、二〇一一年、二二〇—二二一頁。
(3) 例えば開成所における和戦の是非をめぐる会議で加藤の立場は「攻守両方」と記されている。明治文化研究会編『幕末秘史　新聞薈叢』岩波書店、一九三四年、四二六頁。
(4) 福澤前掲『福翁自伝』、二二一頁。
(5) 村上淳一「ナショナリズムとフェデラリズム——ドイツ人の近代」、同『ドイツ現代法の基層』東京大学出版会、一九九〇年、第五章。
(6)『福澤諭吉書簡集』第一巻、岩波書店、二〇〇一年、六五頁。
(7) 加藤弘之『隣草』、上田勝美・福嶋寛隆・吉田曠二編『加藤弘之文書』第一巻、同朋舎出版、一九九〇年、三一頁。
(8) 同前。
(9) 同前。
(10) 加藤弘之『立憲政体略』、前掲『加藤弘之文書』第一巻、四二頁。
(11)「明六社会談論筆記」明治八年五月一日、『福澤諭吉全集』第二一巻、岩波書店、一九六四年、二九八頁。
(12) マグニチュードや被害数は文献により一定しない。ここでは以下を参照。山下文男『哀史　三陸大津波』河出書房新社、二〇一一年。吉村昭『三陸海岸大津波』文春文庫、二〇〇四年。
(13) 尾原宏之『大正大震災』白水社、二〇一二年。
(14) 加藤弘之『天則百話』博聞館、一八九九年、六頁。
(15) 同前、七八頁。
(16) 同前、一二三頁。
(17) 福澤諭吉『通俗国権論』明治十一（一八七八）年、『福澤諭吉全集』第四巻、岩波書店、一九五九年、六二六頁。
(18) 福澤諭吉『福翁百話』、『福澤諭吉全集』第六巻、岩波書店、一九五九年、二一八—二一九頁。
(19) 同前、二二二—二二三頁。

(20) 同前、二三四頁。
(21) 渡辺浩「儒教と福澤諭吉」『福澤諭吉年鑑39』福澤諭吉協会、二〇一二年。
(22) 植村正久「福澤先生の感化とその安心法」『福音新報』明治三十三(一九〇〇)年一月十日。伊藤正雄編『明治人の観た福澤諭吉』慶應通信、一九七〇年、一三九頁より重引。
(23) 植村正久「福澤先生の諸行無常」『日本評論』明治二十五(一八九二)年十一月十五日。同前書、一三五頁より重引。
(24) 内村鑑三『聖書之研究』大正五(一九一六)年三月十日。

Ⅱ　「イエ」と「社会」の間、あるいは「新日本」の夢

第三章 「養子」と「隠居」——明治日本におけるリア王の運命

This policy and reverence of age makes the world bitter to the best of our times...（敬老の精神などは政略と称すべきでそのため人生の盛りにあるわれらにとって世間はまことに住みにくい。）〔1.2.45〕

The offices of nature, bound of childhood.（人間自然の努め、子としての絆。）〔2.4.165〕

William Shakespeare, "King Lear"

一 はじめに

二葉亭四迷の小説『其面影』（明治四十〔一九〇七〕年）の主人公小野哲也は、作中「あゝ、養子になんぞ為るのではなかつた」と二度も嘆息する。一高在学中、哲也は小野礼造の養子となる。学資のためである。礼造の方にも、いずれは娘・時子の婿にとの目算があった。自らの老後も考えてのことである。

其故哲也に金を掛けたのも、娘の将来の為ばかりではなく、少し皮肉にいふと、公債で持つているよりは此方がといふ勘定づくも有つた。(1)

哲哉は大学教員として就職し、礼造のもくろみ通りに時子と結ばれる。やがて礼造が亡くなり、隠居した養母(礼造の妻)と時子の生活は哲也の双肩にかかることになる。しがない大学教員の給料では、だが派手な暮らしに慣れた母子の生活をまかなえない。当然、母子と哲也との仲は上手くいくはずもない。嘆息のゆえんである。哲也はいつしか、嫁ぎ先から出戻ってきた礼造の妾の子・小夜子に惹かれるようになり、「二人で作るホーム」を夢見るが、挫折する。義務感か、愛情か。既存の「家」か、理想の「ホーム」か。もちろん小説ではある。だが二つの異なった家族のありかたの間で逡巡する主人公が、読者の共感を呼ぶ背景は当時確かに存在した(作品自体も当時大きな反響を呼んだ)。そこには愛情の問題があり、またお金の問題がおそらくはあった。

ジャーナリストとして著名な徳富蘇峰(文久三〔一八六三〕年—昭和三十二〔一九五七〕年)が、「家族的専制論」において批判したのは、まさにこうした家族の姿である。明治社会の「父子関係」は、「債主と借金者との関係」にすぎない。「父の子を育するは、父の義務として育するにあらず、寧ろ子をして父を養はしめんが為めに育する」のである。なぜこうした「殺風景」が生じるのか。蘇峰によれば、それは明治の社会が、まさに哲也が生きていたような「混合家族」——「一縷の血脈すら相通ぜざるものをも、養はざる可らざるの義務」がそこには存する——からなる「家族制」の社会であるためであった。これに対し、蘇峰が理想として提示するのは、哲也が夢見たような「ホーム」——愛し合う夫婦と実子がその構成員である——からなる「個人制」の社会である。[2] 蘇峰の「家族的専制論」が発表されたのは明治民法が施行されるはずだった明治二十六（一八九三）年のことである。明治四十（一九〇七）年における哲也の葛藤が、当時の読者にとっていまだ切実だったとすれば、日本社会における家族のあり方は、その間おそらく根本的には変化しなかったということなのであろう。

「個人制」といってもそこで想定されているのは「ホーム」である。蘇峰も社会を構成する基本単位が家族であることにつき異論はない。だが、家族とは何なのか。また何であるべきなのか。いかなる範囲が家族なのか。これは明治の知識人によって繰り返し議論された問題であった。こうした中にあって、蘇峰の議論の意義は、この問題が、扶養の問題、その範囲および程度と密接に関連することにあらためて光を当てた点に存するだろう。

誰が家族であり、誰がそうではないのか。家族とはどのような機能を担うべきものなのか。こうした問いは、現在でも、明治時代と同じく重要である。こうした問いにいかなる答えをあたえるのか。それはおそらく現代の社会においても依然として問題であろう。本章はこの問題に最終的な解決を提案しようなどというのではない。先人達がこの問題をどのように考え、論じたのか。それを筆者なりに整理し、議論の材料を提供することを目指したい。「家族」をどのように考えるのか。そのことをめぐる議論がやがて「社会」の構想へと連なっていく。そうした事情は明治の知識人においてもやはり同様であったからである。

二　「イエ」

明治の社会において支配的であると蘇峰がいう「混合家族」とはどんなものか。現代の私たちには少し理解は難しいかもしれない。例えばそれはfamilyとは大きく異なったものである。英国の日本学者バジル・ホール・チェンバレン（一八五〇―一九三五）は次のように観察する。

日本の家族を訪れると、六人もの人々が互いに親と呼び子と呼び、兄、妹、叔父、甥と呼ぶが、お互いに本当の血のつながりもなく、習慣的に考えられているものとは全く違った関係にあることを発見して、奇異に思うが、しかし真実なのである。(3)

よって日本人の「真の姻戚関係（ヨーロッパ的意味で：チェンバレン註）を辿ってみること」は、「最高度に難しい判じ物（パズル：同）」であり、「家系図」も「注意深く保存されてはいるが、少なくとも科学的見地から見て……何の意味もなさない」(4)。こうした意味での日本の「混合家族」は、江戸期以来のものである。それがヨーロッパのfamilyと異なることは確かに新しい発見であった。だが、中国や朝鮮といった周辺諸地域と比較した場合にも、それがかなり特殊なものであることは、江戸期以来、様々な知識人（特に儒学者）によって指摘されてきたことがらであった。(5) 日本的な「イエ」としての「混合家族」を「混合家族」たらしめている装置とは、では、何なのか。儒学者重野安繹《やすつぐ》（文政十〔一八二七〕年―明治四十三〔一九一〇〕年）は、江戸期以来の議論の蓄積の上に、「隠居」と「養子」（異姓養子）をあげる。

隠居家督と云ふことは、本邦一種の習慣にて上天子より下庶人に至るまで一般に流行し、其起源を繹《たず》ぬるに、殆んと一千余年に及へり、養子は漢土其外諸国に其例ある事なれども、本邦の如く一般の定例とするは、未た聞及はず、故に些二事は、本邦特有の習俗と云て可ならん。

（重野安繹「隠居家督並養子ノ弊害」明治十九年四月）[6]

したがって、当時の人々が「イエ」をいかなるものとして構想していたのかを考えるにあたっては、「本邦特有の習俗」としての「隠居」と「養子」が、当時の人々によってどのように議論されていたのかを検討することが鍵となる。[7]

「養子」

「血」（実はＤＮＡだが）を同じくする「父子」の間にのみ「気」が感格し、それゆえ、祖先祭祀が意味を持ち得るという儒学的な（あるいは漢民族的な）「家」の感覚からすれば、奇怪でしかない「異姓養子」（「血」縁のないものを養子に取ること）が、この日本列島では極めて一般的であるのはなぜか。逆に言えば、「養子」とさえいえば血縁のない関係を直ちに想起するに至ったのはなぜか（儒学的には血縁のある養子、即ち同姓養子が原則である）。もっぱら祭祀の継承問題であるべきはずの養子について、お金の問題がそこにつきまとっていることは、すでに江戸時代から指摘があった。

殊に今の武家は貧窮に苦む、故に他人を養ふほどにては、必ず金を求む。是に因て、卑賤にて富る者は、此時に乗じて金を出して其子を士大夫［ここではいわゆる武士のこと］に養はしめ、数百金を以て田禄ある士大夫の家を取る。国初〔ここでは徳川の世のはじめのこと〕以来軍功忠勤を以て禄を世にしたる家をすぢなき下賤の者に取らしむる類、幾百千人といふ数を知らず。下賤の者の利を貪るは論ずるに足らず、士大夫たる者の此姦悪をなして上を欺くは何事ぞや。是異姓の養子を禁ぜられざる故なり。歎ずべきことなり。

（太宰春台『経済録』巻之九[8]）

家格は高いが、財政的に厳しい武士にとって、「養子」が金もうけの手段になっているというのである。「同宗」に男子がいるにもかかわらず、「異族」から「養子」を取る場合などがそれであった。自らの「養老」への配慮が、「養子」の選定において、「血縁」より優先されるのである。「異姓養子」に対する江戸儒学者達によるこの種の非難は、枚挙にいとまがない。[9] そのほとんどは倫理的な――DNA上の「父子」、そうでなくても「同姓」の男子間で行われる祭祀のみが倫理的であるという前提の上で――非難である。だが、そこには同時に、上のような「異姓養子」ビジネスへの不信感も張り付いていたのである。

明治の世になると、今度はこうした「養子制度」を、もっぱらその経済的側面に着目して擁護する議論が出てきた。明治九（一八七六）年の『朝野新聞』の「養子制度」擁護の理屈は、次のようなものであった。

実子無くして死したる後は竈《かまど》の下の灰〔少額の財産の代表例。無価値ではなく、売り物になる〕迄も他人の有となるべき老爺嬢が螟蛉《めいれい》の子〔養子のこと〕を養ひ一家輯睦《しゅうぼく》し〔仲よくすること〕楽々と左団扇で日を消するが如きは実に便利の習慣と云ふも不可なかるべし、又不幸なる孤児が他姓を継ぎ其身を立るも亦便利と云はざるを得ず養子を禁ずれば此便利を失はざるを得ざるなり。[10]

養子にとっては立身出世の手段、養父母にとっては介護の保険。まことに結構ではないか、というのである。もちろん、江戸の儒学者同様、こうした事態を苦々しく思うものは明治の世にもいた。洋学者である。参照する地域は、今度はもちろん、西洋である。

血統を正するは欧米諸州の通習にして倫理の因て立つ所なり、亜細亜諸邦に於ては必しも然らす、殊に我が国の如き血統を軽する其最も甚き者なり、是を以て夫婦婚交の道行はれす、従て倫理の何物たるを解せざるに至る、故に余今茲に其の血統を軽するの一端を挙けて其の弊を云はん、従来我邦の習俗家系を一種の株と看做し、若子孫の之を継ぐ可きもの無きは他族の者と雖とも迎へて之を嗣かしむるあり、之を名けて養子制度と云ふ。

（森有礼「妻妾論（二）」、『明六雑誌』第一一号）[11]

「異姓養子」の横行は、「血統」の軽視に他ならない。「血統」を重んずる欧米に比して、我が国の現状はいかにも「亜細亜」的で野蛮だ、というのである。「亜細亜諸邦」と森は言うが、ここで言われている「一種の株」としての「家系」が特殊江戸的なそれであることはもはや明らかである。儒学者同様、「血縁」共同体としての家族を真の家族として理想化し、中国ではなく西洋にそれを投影したのである。日本の家族は、本当の家族とは言えないのではないか。それはつまるところ扶養共同体であって、一種の経済的機構（「株」）にすぎないのではないか。儒学者と洋学者はそうした不安を共有していたのである。[12]

彼らの不安に共感するかどうかはともかく、その分析はおそらくあたっている。江戸時代以来、引き続いて存在してきた日本の「イエ」は確かに「一種の株」であった。「養子」という手段は、こうした経済的な機構としての「イエ」の存続の鍵であった。それ故、それは「金儲けの手段」[13]でもありえた。また、無論、扶養の手段でもあった。そうであればこそ、両親に死別した盲目・多病の姉妹に対する行政の措置として、「左候はば組合親類は不及申《もうすにおよばず》村長へも急度《きっと》五カ年中に養子為迎取《むかえとらせ》夫々《それぞれ》生業相立《せいぎょうのあいたち》候様《そうろうよう》為取計《とりはからせ》可申候《もうすべくそうろう》」との指示が明治になっても残る。[14] 救貧対策としての強制的な養子縁組みが、当時、実際に機能していたのである。『其面影』の哲也の例に明らかなように、それは、有為な若者にとっての奨学金制度、実子に恵まれなかった老人にとっての年金制度でもありえた。租税や社会保障という手段を用いた統治機構による再分配が自明ではない時代、分配的正義の問題を考えるに際して、多くの論者が自明の前提としたのはこうした制度である（現代の論者であれば、社会の「溜め」〔湯浅誠〕、「見えない社会保障」〔広井良典〕などと表現するであろう）。哲也の嘆息は、こうした制度が機能不全に陥りはじめたことを示唆してもいよう。

「隠居」

「隠居」もまた扶養のために「イエ」が備えていた装置に他ならない。「家族的専制論」における蘇峰の批判の矛先は、「隠居」制度にも向けられていた。蘇峰の見るところ、「一縷の血脈すら相通ぜざるものをも、養はざる可らざるの義務を有す」る「混合家族」の矛盾――「横着者をして正直者の汗に衣せしめ、怠惰者をして勤勉者の血に食せしめ」ること――は「隠居」制度に集約的に表現されているのである（「隠居は実に家族的専制より出で来たる一種の幻影なり」）。[15]「財産は家に属せしめずして人に属せしむる事」、「父は自ら養ふ可く、子も自ら養ふ可し」と蘇峰は主張する。[16]

蘇峰が目指したのはいわば「イエ」のリストラであった。彼がその際に用いた武器が愛情と血縁である。愛情（夫婦）と血縁（実子）とによって「イエ」の範囲を再定義することで、「隠居」という形で従来の「イエ」が抱え込まざるを得なかった不労所得者を括りだす。そうすれば「イエ」は経済的に身軽なものになる。かつて「養子」という回路を通して社会的上昇を果たした江戸の若者（蘇峰は「天保の老人」と呼ぶ）は、今や「隠居」として「明治の青年」の重荷である。有為な「明治の青年」にとって、従来の江戸的な（大きな）「混合家族」はもはや桎梏でしかない（現代日本の会社における年功序列批判ともどこか似た議論である）。蘇峰はそのように判断し、愛情と血縁とのみによって定義されるいわば（小さな）〈純粋家族〉（蘇峰原文にはない。筆者の造語である）を志向するのである。『其面影』の哲也にあっても、小夜子との「ホーム」は、「愛情」に満ちたものであるのみならず、経済的にも確かに身軽なものであったろう。

こうした蘇峰の議論に対し、すぐさま反論の筆を執ったのは陸羯南（安政四〔一八五七〕年―明治四十〔一九〇七〕年）であった。[17] 羯南は新聞『日本』紙上で次のように反論する。

> 父母妻子兄弟姉妹、此の直系傍系の近親族は互に相ひ救助すること実に社会の通習なり。然れども国民記者〔蘇峰のこと〕の言ふ如き窮屈なるものには非ず。養ふ者は愛を行ふのみ、養はるる者は恩を感ずるのみ。是を家族制の真相となす。……洵《まこと》に然り、不幸にして老幼病弱の家族を有する青年者は、之が為に其の立身出世を妨げらるるもの少なからず。然れども若し養はずんば誰か之を養ふ者ぞ。社会は代りて養はざるべからず。家族を救貧院に入れて己れ独り立身す、青年者たるものは其の心に安んずるや否や。[18]

従来の「イエ」における家族関係が、「債主と借金者の関係」にすぎないとする蘇峰に対し、羯南は、蘇峰の狙いを見透かしつつ、蘇峰の擁護する（愛情と血縁をメルクマールとするはずの）〈純粋家族〉の方こそ、実は「権利義務」と「経済」によって結びついたにすぎない形式的で冷たいものであると主張する。あたかい「恩」や「愛」によって結びついていたのは、むしろ従来の「混合家族」の方である、というのである。二人の議論は、あるべき扶養の範囲をめぐるものであると同時に、本当の――倫理的で「愛」にみちた――「家族」はどちらなのかをめぐるものでもあった。蘇峰は「純粋家族」に、羯南は「混合家族」にそれぞれ「愛」と倫理を帰属させるのである。

こうした二人の論争について、従来の研究は、蘇峰の主張に進歩的、羯南の主張に保守的との評価を与えてきた。[19] 確かに羯南が擁護するのは、従来型の日本の「イエ」（蘇峰の言う「混合家族」）である。とはいえその擁護の仕方は（そしてそもそもそうした「イエ」を擁護するということも）、新しかった。従来の江戸的な「イエ」のあり方を批判し、本当の家族――そのモデルが中国か西洋かは異なるとしても――を志向するという点では、むしろ蘇峰は、江戸の儒学者や明治初期の洋学者たちの末裔に属するのである。[20] 経済機構として「一種の株」にすぎないとされてきた「イエ」のあり方を、「互に相ひ救助」する「愛」「恩」共同体として積極的に評価する羯南の立場は逆に、そうした伝統からみれば明らかに革新的なのである。[21]

三　おわりに

日本においては、「隠居たる者はリア王の運命を恐れる理由は少しもない」とチェンバレンは言う。[22] 財産（王国）を分与した途端、娘たちに邪険にされる老人の悪夢は、明治日本ではリアリティを持たない、というのである。日本では老人がとりわけ尊敬されているからというのではおそらくない。彼が鋭くも見抜いたように日本の「イエ」の（familyとは異なった）独特のあり方がそれを可能にしたのである。現実の「隠居」が幸福であったかどうか、それは必ずしもここでの問題ではない。人間としての尊厳と、父親としての尊厳、あるいは「愛」の必要と「権利」の要求との間を揺れ動くリア王の劇的葛藤を十全に描き出すことは、[23] むしろイングランドにおけるfamilyをその額縁としてはじめて可能であった。そのことが重要なのである。そうであってみれば、チェンバレンの洞察が示唆しているのは、本当の「家族」を求める論者からは疑問視され続けてきた日本の「イエ」が、おそらく、ある意味では、こうした葛藤を排除する装置でもあったということではないか。[24]

作家武田百合子（大正十四〔一九二五〕年—平成五〔一九九三〕年）の晩年に書かれた文章がある。タクシーに乗ると、運転手に話しかけられる。世間話の中で、話題は子どもに金銭を与えることの是非に及ぶ。運転手は、子供に金銭を与えることは「犯罪の素」「堕落の素」であるとの持論を展開する。彼女は亡き夫（もちろん武田泰淳）を思い出す。

はずかしがりの夫は、我が子にすらすらとうまく口がきけなかった。お前を可愛がっているのだよ、そういう気持ちを表したいとき、突然、子供にお金をくれたがった。女房にも、嬉しいにつけ楽しいにつけ、お金をくれて表そうとした。食卓をはさんで私たちを向かいに坐らせ、手品師みたいな手つき眼つきで、おもむろに状袋から紙幣をとりだし、私の前へ一枚、娘の前へ一枚、ときには焦らすように一寸考えたふりをしてから、さらにもう一枚ずつトランプを配るようにくれた。私たちは顔を真っ赤にして「とうちゃんありがとう」とふところへさっとしまいこむのだった。私は、いまだって薄曇った広いがらんどうの空をぼんやり見ていたりすると、お札がヒラリヒラリと置かれた食卓が浮かんでくることがある。……それなのに私は、「はあ。うちも子供にはお金をやらないようにして」などと、裁判の被告みたいに力なく肯いた。(25)

ここで描かれているのは、ある意味で、哲也が夢見た「ホーム」の姿である。愛情と血縁と扶養の単位が一致しているのである。現代日本人の多くの人にとってなじみ深いこうした家族の姿において、だが、葛藤が解消されたわけではない。そこでは愛がお金のようであり、お金が愛のようでもある。問題はむしろややこしくなったようにさえ見える。だが、良い「家」――その定義はどうあれ――のヴィジョンを抜きにして、良き社会のヴィジョンを構想することはおそらく難しい。(26) そうである以上はこの問題を私たちもまた考えないわけにはいかないのであろう。その時、従来自明だった家族のあり方が変容していくなかで、そのあるべきあり方をめぐってかわされた過去の真剣な議論に、耳を傾けてみるのも一興ではなかろうか。

註

(1)『其面影』『二葉亭四迷全集』第一巻、筑摩書房、一九八四年、二六九頁。二葉亭自身は養子というわけではなかったが、やはり親の扶養には苦労したようである。「実に親のために身を売る覚悟」とは、海軍編集書記に就職した際の弁である。同第七巻、九〇頁。

(2) 徳富蘇峰『国民之友』第一九四号、明治二十六年六月二十三日付、海野福寿・大島美津子編『家と村』日本近代思想大系20、岩波書店、一九八九年、四四三頁。若き日の二葉亭は、蘇峰の『将来之日本』に感動し面会を求める手紙を出したこともある。前掲全集第七巻、八―一〇頁。

(3) チェンバレン『日本事物誌Ⅰ』東洋文庫、平凡社、一九六九年、一〇頁(B. H. Chamberlain, *Things Japanese*, 1890)。

(4) 同、一〇、一二頁。

(5) 渡辺浩『近世日本社会と宋学』(増補新装版)東京大学出版会、二〇一〇年、特に第二章第三節。本章は、次のような特徴を持つとされる徳川期の「イエ」が明治においてどのように受け止められたのかを検討するものである。「近世日本のいわゆる家(以下、「イエ」と記す)は、ある特殊な性格を持っている。それは当時の中国の家とも、李氏朝鮮における「집」(チプ)とも異なる。イエは、単に祖先と子孫を含む血縁集団とはいえない、一種の形式的な機構という性質を強く帯びている。徳川時代半ばまでに次第に下層にまで浸透した通念によれば、イエとは、個々人の集合であるよりは、個々人を超越し、個々人をいわば折々の資料とする形式的永続的な機構である」(同、一一八頁)。また、こうした主題について与那覇潤「穂積八束と消えた「家属」――「誤った」日本社会の自画像をめぐって」『比較日本文化研究』第一〇号、二〇〇六年も参照。現実の「イエ」のかたちが、地域ごとに、また時代ごとにかなりことなっていたであろうことはほぼ確実である。だが、ここでの問題はそこにはない。そうした現実がどのように解釈されていたのか。それが問題なのである。

(6)『東京学士会院雑誌』第八遍之四、一八八六年、一頁。

(7) 例えば、植木枝盛にとって「養子」の問題は、「聚家成国」か「聚人成国」かという国制の問題でもあった。植木枝盛「養子論」明治十九(一八八六)年、『植木枝盛集』第五巻、岩波書店、一九九〇年、一四〇頁。また植木枝盛「如何なる民法を制定す可き耶」(明治二十二〔一八八九〕年)も参照。

(8)『日本経済叢書』第六巻、二四五頁。自らの祖先を高名な武士と信じつつ、貧窮のうちに町人として死んだある勤王家もこうした慣習の定着を攻撃する（そして彼が愛する京都の「禁裏」は、ほぼ例外的に「血縁」の連続が信じられていた）。「故に天下の余子、多きに率ひて男を以て人に嫁ぎ、其の婦家を冒姓す、而して世の子無くして将に人の子を養うて後と為さんとする者、必ず先ず其幣の多少を議し、其同宗に子ありと雖も、幣財多からざれば敢て其議を成さず、其他族を取て而して其幣財自ら養老に給す、是れ其継ぐは其継《ママ》〔正継か？〕に非ざるなり〔蒲生君平『今書』第四「姓族」〕」蒲生君平『今書』『蒲生君平全集』、東京出版社、一九〇一年、三三一―三三二頁。

(9) 穂積陳重「養子正否論」『穂積陳重遺文集』（岩波書店、一九三四年）は江戸期の議論を概観するには便利である。明治期については、青山道夫「我が国における養子反対論について」『日本家族制度の研究』巖松堂書店、一九四七年所収、手塚豊「明治前期の養子反対論」『法学研究』第二八巻第四号、一九六四年、後に『手塚豊著作集』第八巻所収。

(10)『朝野新聞』明治九年二月七日付。

(11)『明六雑誌』第一一号、岩波文庫、上巻、一九九九年、三六六―三七七頁。

(12) ちなみに儒学者重野安繹も「異姓養子」を「株の売買」「暖簾（ノレン：重野註）の譲受」と表現する。「隠居家督並養子ノ弊害」『東京学士会院雑誌』第八編之四、二八頁。

(13)「日本では遺産相続人として他人を指名することは、普通に行われていないから、養子を取ることが遺産を分けるもっとも簡単な方法である。昔は、養子の方ではなくて、養子を取る側の金儲けの手段でもあった」。チェンバレン前掲『日本事物誌』、一一頁。

(14) 明治四年二月二十七日付江刺県から弁官宛、太政類典第一編第八三巻三五。

(15)「隠居」制度が、経済的機構としての「イエ」の機能の根幹に位置していることに自覚的だったのは、民法典編纂の渦中にいた法学者達も――その評価は正反対であるが――同様であった。穂積陳重は「家なる団体は法人にして戸主は其代表機関たりしなり」「苟も家制度を存せんとすれば隠居制は廃すべからざるなり」と述べる。「隠居」は、穂積によれば財産管理権や保護扶養義務からなる「戸主権の完全なる行使の保障」である。「隠居」制度は、生前贈与と扶養の手段に他ならない。「隠居」制度が存在することで、「家」の代表者としての「戸主」が家を維持していくことが初めて可能になるのである。『隠居論　全』有斐閣、一九一五（一八九一）年、七〇三―七〇四頁。

(16) 前掲『国民之友』第一九四号、四四七頁―四四八頁。

(17)「与自由記者（一）―（四）」明治二十六年七月『陸羯南全集』第四巻、みすず書房、一九七〇年、一七一頁。題名が「与自由新聞記者」であり、直接「国民新聞」が名宛人になっていないのは、次のような論争の経緯による。「家族的専制」に最初に応答したのは新聞『日本』明治二十六年六月二十五日付第一四四七号に掲載された寄書「謬論悖見」（鉄乾坤）であった（同一投稿者による批判が続けざまに掲載された。同六月二十六日付第一四四八号「謬論悖見（承前）」、同六月二十九日付一四五一号「野猪家豚」、同七月一日付一四五三号「偽国民」、同七月三日一四五五号「猪豕走る」）。こうした状況に自由党の機関誌『自由新聞』七月六日付第六〇五号が雑報で「日本、国民両新聞の再選を促す」（無記名）を掲載。これに対して答える形になったのが陸の一連の論説である（『日本』七月八日付第一四六〇号「与自由新聞記者」、同七月九日付第一四六一号（二）、同七月十日付一四六二号（三）、同七月十一付一四六三号（四））。その後も『自由新聞』はこの論争に関する記事を掲載した（明治二十六年七月十四日付第六一二号「日本記者足下国民記者足下」、同七月十六日付第六一四号、七月十八日付第六一五号「日本記者足下国民記者足下（続）」）。

（18）同『全集』第四巻、一七二―一七三頁。

（19）こうした態度の背景には、「伝統的「家」から近代的家族へ」という歴史の図式が研究者に共有されてきたという事情があろう。有地亨『近代日本の家族観　明治篇』（弘文堂、一九七七年）はそうした見方を代表する。だが、本書がそうした見方を共有しないことは無論である。そもそも、「伝統的」な「イエ」は儒学的な「家」とは全く違うものである。

（20）儒学者も、「養子」同様に、「隠居」も攻撃していた。重野安繹は「人間の区限（クキリ：重野註）」をなす「隠居」について、「然るに一生の間に区限を為し、此より以後は跡の者へ譲るとは、我責任を廃するなり。いかに老いたる牛馬にても、力の限りは荷物を負ひ、もふは御免なされとは言はぬそかし」と言う。「隠居」とは、重野によれば、「太平の世一種姑息の悪習」にすぎない。いわば勤労の論理からの「隠居」批判である。前掲「隠居家督並養子ノ弊害」、一六頁。キリスト者も、同様の論理で「隠居」を攻撃していた。島田三郎「労働尊重論」『毎日新聞』明治三十五年十月二十九日付、山室軍平編『島田三郎全集』第二巻、警醒社、一九二四年、三四七―三五〇頁（ただし参照したのは島田三郎全集編集委員会による編集復刻増補版〔龍渓書舎、一九八九年〕）。明六社に参加した洋学者西村茂樹もこの時期、「隠居」を「子に掛るの風」であるとして攻撃していた。『日本道徳論』明治二十年、日本弘道会編『西村茂樹全集』第一巻、思文閣、一九七六年、四九―五二頁。

（21）同時代に新たな国家イメージとして浸透しつつあった「家族国家」観とおそらく対応するものであろう。「家族国家」観の新しさについての石田雄による古典的指摘は『明治政治思想史研究』未来社、一九五四年、六頁。

（22）前掲『日本事物誌』、六頁。

(23) 『リア王』のこうした側面を問題にしたものとして Michael Ignatief, *The Needs of Strangers*, 1984, Ch.1.

(24) したがって、リア王の物語が孕む葛藤が、明治日本の読者・観客に共感可能なものとなるためには、ある種の「翻案」が不可欠であったことは想像に難くない。依田学海戯編、長田秋濤訳『脚本は仏国世界は日本　当世二人女婿』（明治二十年）では、娘ではなくその「女婿」が、父親の財産分割という「西洋の事情をうまく持込」で、「日本開化の先駆」になるようそそのかしたことになっており、全体としては浅薄な西洋の模倣としての「開化」批判になっている。また、条野採菊（山々亭有人）の『三人令嬢』（明治二十三年）では、旧藩主たる華族の「お家騒動」に話の全体が「翻案」されており、「主君押し込め」に対抗する「孝女」（三女）と「忠臣」の活躍に焦点が当てられる。また老王は、長女の「イエ」の「隠居」であるか、次女の「イエ」の「厄介」であるかのどちらかなのであり、したがって、例えば、「伯爵〔リア王にあたる〕は食客の御身の上から爪先迄小宮家〔次女のイエ〕の御厄介で賄ひを節略様と附人を減さうと文辨者の素より都合である」という抗弁が可能となることからも分かるように、問題は父子の間の自然（natural は原作におけるキーワードである）な愛情如何ではなく、「法」的身分の確認（「隠居」も「厄介」も当時法的な身分である）とそれに伴う義務の範囲如何なのである。こうした点は、原文に忠実に訳そうとするあまり、目前の観客の共感をともすれば軽視しがちであった坪内逍遙の翻訳ではかえって見にくい。依田学海戯編、長田秋濤訳、川尻宝岑校訂『脚本は仏国世界は日本　当世二人女婿』（復刻版、鳳文館、明治二十年）、川戸道昭編『シェイクスピア翻訳文学全集8』大空社、一九九九年、七丁ォ。条野採菊『三人令嬢』（復刻版、鈴木金輔、明治二十三年）、同『シェイクスピア翻訳文学全集12』、三七—三八頁。

(25) 武田百合子『日々雑記』『武田百合子全作品7』中央公論社、一九九五年、九五—九六頁。

(26) ちなみに内閣府の「幸福度」調査によれば、「幸福感」を判断する際に重視する事項として「家族との関係」を挙げる人が六十六・四パーセント（全選択肢中二位）、また、「幸福感」を高めるための有効な手立てとして「家族との助け合い」を挙げた人が同じく六十六・四パーセント（全選択肢中一位）にのぼった。(http://www5.cao.go.jp/seikatsu/senkoudo/h21/21senkou_03.pdf)。

第四章　蘇峰とルソー——一八九四年の石井十次

一八九四年の石井十次——「日本社会」の「支点」

四月一一日　水曜日　晴天　所感（一）之れ今日に於て予が心得るべき第一の要点なり　確乎として動かず以て此の不定なる日本社会の支点たる責任を尽ささる可らず　孤児院の支点として日々の責任を負ひつつ行くことは即ち日本社会を双肩に荷ふ所以なり　予はいまにして益々予等二人は新日本の天柱として天父が撰び玉ひしものなることを感ぜり（二人とは徳富君と予也）……（一）ジョジミユーラ先生の信仰（二）ゼネラルブース氏の計画（三）ジャンジャクルーソー先生の教育論、以て今日の日本に応用することは予が天職なり　之れ予が獄中に於てうけたるところの大任なり

（『日誌』一八九四年四月十一日）

一八九四（明治二十七）年、八月には戦争が始まるこの年、石井十次《じゅうじ》（一八六五〔慶應元〕年—一九一四〔大正三〕年）は岡山にいた。岡山後楽園の南側、旭川をこえて、門田屋敷割内、小堀遠州作庭の東湖園の向かいに位置する三友寺境内。そこに、その頃すでに岡山孤児院と呼ばれていた施設を構えて七年目。石井は、

二十九歳であった。一八九一（明治二十四）年の濃尾大地震の際、震災孤児九十三名を収容し、規模が一挙に拡大したとはいえ、総人員は、依然、二百名にも満たないこの施設を運営しつつ、石井は、「孤児院の支点」としてはもちろん、「日本社会の支点」をもって自ら任じていたのである。「孤児院の支点として日々の責任を負ひつつ行くこと」が、「即ち日本社会を双肩に荷ふ所以」であるというのである。一見すると狭くも小さくもみえる目前の仕事に対する献身こそが、結果としては、より広く大きい世界に対する責任を果たすことにもつながる。こう穏やかに言いかえてみればあるいは了解可能にも思えるこうした言葉には、だがやはり少し大仰にすぎるものがあることに、もう一度彼自身の言葉に立ちかえってみるとき、気づく。「孤児院」と「日本社会」とを一足飛びに結びつける唐突な思考の飛躍がそこにはあって、それが大げさにすぎ、ともすれば滑稽な感じさえも与えてしまうのである。

だが無論、石井は本気であった。自らが「孤児院」の「支点」であり、そのことによって同時に、「日本社会」の「支点」でもある。この感覚こそ、孤児院創立の一八八七年から、彼の死の直前一九一三（大正二）年まで、二十六年間にわたり、彼を取り巻く環境――二つの大きな戦争さえ、その間にはあった――と、彼の内心のさまざまな（しばしば極端から極端への、ときに支離滅裂にさえみえる）変化を日々刻々と映す『石井十次日誌』を貫いて存在するものである。こうした感覚を、「孤児院」の運営という、当時ほぼ前人未踏の分野を徒手空拳で切り開いた社会起業家としての、石井十次個人の特異なパーソナリティに帰することももちろんできよう。また、「一身独立して一国独立」という、福澤諭吉以来、「明治人」の輪郭を濃く縁取ってきた時代精神としてこれをみることもできよう。とはいえ、少なくとも一八九四年時点に限っていえば、彼のこうした感覚は、彼自身のパーソナリティにも、漠然とした時代精神にも、還元しきることのできない、ある固有の史的脈絡に裏打ちされている。

メディア──「流行」としての「慈善」

「孤児院」と「日本社会」。その双方の「支点」としての彼の自意識を支えるものとして、まず、メディア空間の存在を挙げることができる。この時期、全国的な「読書社会」を形成しつつあったメディア空間のなかに（永嶺重敏『〈読書国民〉の誕生』）、「慈善」と、「岡山孤児院」とがその焦点としてにわかに浮上しつつあったのである。巌本善治が『女学雑誌』において、「去る二年間は、孤児院流行の時代にてありけん。新たに設立せられたるも多く、之に身を献げたる人も多く、一般世人が之に注目して義捐を寄せたる額も亦多かりき」（「孤児院への義捐」『女学雑誌』第三六二号）と書いたのは一八九四（明治二十七）年一月のことである。こうした「孤児院流行」の中心に石井の岡山孤児院があったこと、またこうした「流行」に反発する人々が一定程度存在したことは、同じ年に「偽善者石井某（寧ろ詐欺師と云ふ可ならん乎）」と題した社説が『山陽新報』（第四四三九号一月二十八日付）に掲載され、これに対する反駁がやはり『女学雑誌』上に、「石井十次君を傷つけんとせしもの」（第三七六号）、「岡山孤児院を訪ふ」（同第三七九号）、「岡山孤児院を訪ふ（第二）」（同第三八〇号）と題して掲載されたことからもうかがえる。

メディアによる石井や岡山孤児院への注目はしかも、偶然のものでも、突発的なものでもなかった。石井が「信仰上の母」と仰いだ炭谷小梅は『女学雑誌』の寄稿者であったし（「芸者と手掛とに勧めす」一八九三年第三四二号）、その『女学雑誌』ではすでに一八九〇年「岡山孤児院を訪ふの記」（第二三四号）で同孤児院が取り上げられているが、その記事が参照する『基督教新聞』の紹介記事（一八八九年第三二四号「岡山孤児院」、一八九〇年第三四七号「再び岡山孤児院に就いて」）は、当時岡山教会――石井も通っていた――の牧師であった安部磯雄の手になるものであった（「岡山孤児院」の名称の定着と普及はおそらくこれによる）。また、石井自身も『岡山孤児院月報』として「日誌」の一部を公開し、『基督教新聞』にはそれが転載されてもいた。石井と岡山孤児院の存在が、この時期、全国的なメディア空間のなかに浮上したのは、石井やその周辺の自覚的なメディア戦略の成果でもあったのである。孤児院創立七年目を迎えた一八九四年一月一日の『日誌』に、「蓋《けだし》は〔ママ〕二十六年は孤児院誕生の歳」と彼がわざわざ書き記す背景には、以上のような事情がおそらくはあったのだろう。

徳富蘇峰――「恋慕」

こうした戦略の成果として、徳富蘇峰との関係――ただし、メディアを介したそれ――が生じた。石井と蘇峰が実際に出会うのは、一八九九（明治三十二）年、東京神田でのこと（『日誌』同年五月四日）、また、蘇峰が岡山孤児院を訪問するのは一九〇三年と、ずっと後年になってからのことであった。そのとき、石井は『日誌』に「十数年来恋慕したる蘇峰兄を今日岡山県に遣はし玉ふことを誠に有難感謝いたします」（一九〇三年六月十四日）と記している。「十数年来恋慕」は誇張ではない。石井が蘇峰を識ったのは、すでに一八八五年十一月、蘇峰の実質的なデビュー作『第十九世紀日本の青年及其教育』を通じてのことであった（杉井六郎「『石井十次日誌』にあらわれる徳富蘇峰」『石井十次の研究』所収）。石井はこれを刊行直後に通読していたのである（刊行は一八八五年六月）。その後も、石井は、蘇峰の出世作『将来之日本』を熟読し（『日誌』一八八七年一月十二日）、また『国民之友』の熱心な読者であり続けた。

著作や雑誌を通じた石井から蘇峰へのいわば片思いの関係を、メディアの力が一変させた。『基督教新聞』を通して、岡山孤児院の活動を識った蘇峰は、一八九三年八月二十四日、自分の子供たちへのクリスマスプレゼントのための資金を、書状を付して同孤児院に寄付した。この書状と寄付金は、三日後に到着し（「日曜日　曇天　徳富猪一郎氏より手紙来り本院に同情を表する印なりとて兼ねて車代を貯蓄しをける宝珠を贈与の旨報ぜらる」『日誌』同年八月二十七日）、その顚末と蘇峰の書状とは、『岡山孤児院月報』第二号に掲載され、さらにクリスマス前の『女学雑誌』第三五五号（同年十月十四日）に転載された。このとき、蘇峰、三十一歳。すでに「恋慕」の対象であった存在と、手紙を通して石井は出会ったのである。その出会いは、またメディアを通じて演出され、全国的な「読書社会」に宣伝されたのである。ジャーナリストとして機を見るに敏であった蘇峰が、こうした経緯を不満に思うはずもなかった。

また、石井にとっては、この出会いはそれがメディアを通じた仮想的なものであるだけにむしろ一層、蘇峰への傾倒を深める契機となった。蘇峰の書状が『女学雑誌』に転載されて一ヵ月後、一八九三年十一月十日の『日誌』には、「金曜日　晴天　徳富君よ叫べいま尚十年の間叫び玉へ　我国民は必らず君が理想に向つて進み来る可し物質的革命は易く精神的革命は難しただ要するところのものは時間と忍耐と信仰なり」とある。また明けて翌年、一八九四年一月二日の『日誌』にも、「火曜日　晴天　新日本青年、将来日本各十冊つつ吉田松陰一冊を購入して院役者〔孤児院職員のこと―引用者注〕に頒つ　蓋し新年と共もに新日本の平民化せんがためなり」とある。その四日後の一月六日『日誌』には、蘇峰の『吉田松陰』の読後感として、「予は今日始めて徳富君の深意を悟れり　何ぞや　其の理想即ち平民社会を我国に臨〔ママ〕さんことを望みつつ常に一方には我が国民を理想に向つて教導し一方には消極的に貴族社会殊とに藩閥政治を改革して畢らんとに

あることを　ア丶之れ今日在天の父が我国に望み玉へる聖旨にして予言者《ママ》に由つて反響せしめ玉ふ所ろなり聖国を臨たらせ玉へと祈るものあに一日も徳富君を忘れんや」と記される。その二日後、一月八日にも「新島先生没後実にわが国の基督教は一頓挫せり　わが国キリスト教会の元気は一頓挫せり　幸ひにして徳富君ありやや心を安んずるに足る　ああ人物の社会に関係ある何ぞかくの如きや」とある。

「豪傑」キリスト

蘇峰への傾倒は、石井の物の見方や考え方、とりわけキリスト教理解にある変化をもたらしたように思われる。同年一月二十五日、石井は「キリスト教は人に英雄豪傑となるの要素を授くるところの宗教なり　英雄豪傑となるの要素とは何ぞや（一）信仰（二）愛之れなり人若し天父を信じ同胞を愛するに至れば之れ即ち英雄なり豪傑なり」（『日誌』）と書き記す。キリスト教は、「英雄豪傑となるの要素を授くるところの宗教」というのである。

「英雄」「豪傑」とはいかなる存在か。例えば「豪傑」は、「孟子曰、待文王而後興、凡民也、若夫豪傑之士、雖無文王猶興」と『孟子』尽心上篇にその典拠を有し、理想的な君主である「文王」の出現をまたずに、積極的に行動を起こす人物という含意がある。またとりわけ日本列島では江戸期以来、これらの語はそうした含意において頻々と用いられてきた。例えば太宰春台がその『経済録』において、「況や日本は往古より中華の道を用て治め来たれる国なれば、末世迚も再興せられまじきに非ず、若し英雄豪傑の人ありて、上に用ひられ、時を得て其術を施さば、先王の道、孔子の教、海内に行はれて万民其徳沢を蒙らんこと、日を計て待べし」（序）と。そして山県大弐もその『柳子新論』において、「この時に当たりてや、英雄豪傑、或ひは身を殺して仁を成し、或ひは民を率て義に徇じ、忠信智勇の士、誘掖賛導し、以て天下を扇動すれば……」（富強第十三）と述べる。それは人をして大きな事業へと、行動へと駆り立てるシンボルであった。

こうした事情は、明治になっても同様であった。カーライル Thomas Carlyle の *On Heroes, Hero-Worship, and the Heroic in History* (1841) が、『英雄崇拝論』と題して訳出されたのが一八九三年のことである。とりわけ『国民之友』や、民友社に集った知識人たちは、「英雄」「豪傑」といった概念を愛用し、歴史の流れのなかでの特異な個人の役割を重視する見方を強調していた。幕末における「局面打破の急先鋒」「革命家としての吉田松陰」を描く蘇峰の『吉田松陰』（初版一八九三年）は、彼らの史観を代表するものであった。蘇峰のみるところ、「英雄」「豪傑」が、人を動かし大を成し遂げる原動力は、「インスピレーション」にある。

> 知るべし、英雄人を籠絡するというがごときは、決して智術によるにあらず、決して編物細工にてなしたるにあらず、すなわち言うに言われぬインスピレーションなるものあり、その人に接するや、電気の物に触るるごとく、磁気の物を吸うがごとく、離れんと欲して、離るるあたはざるものあることを。
>
> （徳富蘇峰「インスピレーション」『静思余禄』民友社、一八九三年五月）

おそらくこうした記述を受けて石井も、一八九四年二月七日の『日誌』には、「世に偉人傑士と称せらるる人々はみな一種の「インスピレーション」を受けたる人々なり」と記している。「インスピレーション」を有した歴史上の「英雄」「豪傑」「偉人傑士」の事績を学び、それと同一化することによって、その「インスピレーション」をもわがものにする。蘇峰が奨めるこうした読書の形に、石井は忠実である。石井は、同年、五月二十三日の『日誌』では、「祈禱とは心衷の至誠所に於て吾が心が誠之神に謁するなり……已に真に□〔一字欠〕りたる上は天下何事か成し難からん　松陰氏が至誠にして動かさるもの未た之れ有らざるなりとは此事なり」とする。「祈禱」は、松陰のいうところの「至誠」である。そして「信仰」もまた、孟子のいわゆる「浩然の気」なのである（「信仰は信仰なり得て説明すること能はざるものなり　孟子は之れを名けて浩然の気と謂へり」『日誌』一八九四年一月十日）。そして、こうした「至誠」「浩然の気」「インスピレーション」を備えた最大の「英雄」「豪傑」こそキリストなのである。「キリストは実に偉大無辺なる人間学者なり　人を動かし人を蘇生せしむるには人の大根本（即ち至誠）をば至誠を以て動かすより他に途なきことを知り玉へり　予は近頃始めて此の秘密の人心中に実在普通せることを直覚せり」（『日誌』一八九四年五月二十三日）。

こうした石井のキリスト教理解はこの時期、「彼のキリスト教に終始一貫欠けていたのは「贖罪」の観念であり、彼がキリスト教について語る時「罪」の観念はついに一度も登場しなかった」とも評される山路愛山――民友社同人であり、石井の伝記を書くはずだった人物でもある――のそれにきわめて接近していたといえるだろう（岡利郎『山路愛山』）。山路同様、石井にとってもおそらく、問題は、「「道義感情を不易の位地」におかんとする「中心の根底」への要求」であり、「決して個人的な魂の救済といったものではなかった」のであろう（同）。事実、それまで石井の『日誌』に頻出する「サタン」や「悪魔」の文字は、この時期から姿を消す。彼岸宗教としての側面が薄れ、「偉大無辺なる人間学者」としてのキリストその人から「インスピレーション」を汲み出そうとする態度が前面に出てくるのである。

一八九四年は、かくして石井にとって、蘇峰の年であった。彼が自らもその「支点」として、双肩に担おうと決意した「日本社会」とは、蘇峰や民友社が、「天保の老人」を駆逐する「明治の青年」のものとして提示し、喧伝した「新日本」の「平民社会」にほかならなかった。「予はいまにして益々予等二人は新日本の天柱として天父が撰び玉ひしものなることを感ぜり（二人とは徳富君と予也）」。石井がその双肩に担うはずの「新日本」。そのもう一つの「支点」こそが、徳富蘇峰その人なのであった。

ルソー――『エミール』

一八九四（明治二十七）年は、石井にとって、ルソー Jean-Jaques Rousseau（一七一二―七八）の年でもあった。三月五日に、「ルソー氏伝」に接し、「ア、実に一種の奇偉人」と感じた石井は、三月八日、その『エミール』（*Emile, ou de l'Education*, 1762.）を読むことを決意する。以後、この年の十一月十一日に至るまでほぼ毎日、じつに二百日以上、おそらく仏文原文ではなく、英訳本を孤児院職員に記述させつつ、この大部の著作を読み（聴き？）通したのである。石井とルソーとの出会い。それを用意したのも、やはりメディアであった。石井の活躍を取り上げていた『女学雑誌』は、この年の一月、桜井鷗村「ペスタローヂと女性（一―四）（第三六三号―第三七〇号）を連載。そこでペスタロッチとならんで大きく扱われていたのがルソーであった。また田口卯吉が編集する『史海』は、二月に、金蹉跎（未詳）「ジャン、ジャック、ルソー」（第三一号）を掲載した（石井が目を通した「ルソー氏伝」はおそらくこちらであろう）。メディアにおけるルソー・ブームが、石井とルソーの出会いの前提にはあったのである。とはいえ、こうしたルソー・ブームに先んじて、彼のルソー受容を準備したのはやはり蘇峰である。蘇峰はかつて、一八九〇年、『国民之友』に「小学の徳育」と題して次のように書いていた。

即ち現今に行はれたる偽善、文弱、俗鄙の徳育を一変して以て、人生自然の性に循ひ之を養成せんことを欲す。嗟乎俗臭紛々として教育の世界に満つ、誰かエミール一巻を把て、これを済度せざるを欲せざる者あらん哉。

（『国民之友』第八四号）

教育勅語の背後にある元田永孚らの「復古」的儒学教育と、それに対抗して提示された福沢の「修身要領」とを、「偽善、文弱、俗鄙の徳育」とひとくくりに否定した上で、新たに提示される蘇峰の教育構想が依拠するものこそルソーの『エミール』である。「人生自然の性に循」い「養成」されんとする真の「徳育」の姿は、『エミール』に描かれている。こう暗示する同論文が収められた『青年と教育』（一八九二年九月、民友社）を石井は一八九四年に手にしている。

三月八日　木曜日　白雪　青年と教育及び女学雑誌に於けるルーソー氏のエミールを読み大ひに是迄の教育法につき確かむる所ろありき　ア、自然予は実に爾を愛す（所感）幸福なるかな多くの孤児よ爾曹は父母を失して却つて自然的教育をうくるに至れり　人工的の束縛より救はれたりア、ネーチュアよ来りて彼等を教育せよ。

（『日誌』）

『社会契約論』(*Du Contrat Social, ou principles du droit politique*, 1762.) では、一般意志の実現としての「社会」を描いたルソーは他方で、『人間不平等起源論』(*Le Discours sur l'origine et les fondements de l'inégalité parmi les hommes*, 1755.) や『学問芸術論』(*Le Discours sur les sciences et les arts*, 1750.) においては、商業の

進展とその結果による奢侈の横溢を呪詛し、（アナクロニズムを恐れず言えば）「欲望の体系」として「社会」を描いていた。『エミール』においてもルソーは、従来の「家族」を、一般意志の実現としての「社会」の構成員としてではなく、むしろ「欲望の体系」としての「社会」の培養器として捉える。したがって当然、その役割にもきわめて否定的であった。エミールの教育は、従来の「家族」の影響を徹底的に排除した上で、「自然」それ自身と、「自然」を熟知し体現する教師とにこそ担わせるべきなのである。そのように生い育った多くのエミールたちによって初めて、一般意志の妥当としての「社会契約」は可能になる。ルソーの思想世界に緊張を孕んで分極する二つの「社会」イメージを架橋する存在こそが、このエミールなのである。

石井が、『社会契約論』や『人間不平等起源論』『学問芸術論』との関係で、この『エミール』を読み込んでいたということはおそらくないであろう。またそもそも、仏文はもちろん、英文も読むことができなかった石井が、『エミール』に込められたこうした含意を正確に理解していたのかどうかも疑問である。それは、「小学の徳育」でわざわざルソーに言及した蘇峰についてもいえる。外国語の読解力において、石井よりはるかにすぐれているとはいえ、どこまでが単なる衒学趣味なのか、どこからが真剣な読書の反映なのか。判定は難しい。

「知己」としてのルソー

ただ、石井の読書姿勢は、個々のテクスト解釈や、テクスト相互の比較に重点を置いたものではなかった。むしろ、直接に作者に対峙し、それと同一化しようとするところにその特徴はあった。そうした同一化の作用を石井は、「知己」とも表現する。石井にとって読書は、「知己」の発見なのである。

金曜日　曇天　知己を得たり……人往々古人を友とすとか或ひは古人の中に知己を得たりとか言ふを屢々ききしかともこれまで其の味を感ずること能はざりき　このたび教育と遺伝によりて始めてルーソー先生にあい史海に於て先生の履歴を知り女学雑誌教育学に由つて「エミール」及び「ネーチュア」を読み真に教育海《〔ママ〕》に一知己を得たりと感ぜり　古人に知己を得たりと感ぜり　ア、「ルーソー」先生予が心中に甦り来れり否な予が経歴は殆んと先生の経歴を繰帰えしたるが如し　否な予は日本に於て先生に由つて示されたる教育の真理を実行せんがために造られたるものなりと感悟せり　あゝ徳富君よ予に語れ君は予がために自然を通弁せよ　予は之れを実行して君が言を証せん。

（『日誌』一八九四年三月九日）

個々の細かい主張の異同をこえて、「知己」としてルソーは直接、石井の前に現れた。こうした「知己」と出会うことは、また、文字どおり自分自身を知るということでもある。そうした自己発見の契機としての「知己」の必要は、蘇峰によっても説かれていた（「人はその半身以上は、秘密なり。知己はよく鍵なくしてこの秘密をしる」、「知己難」『静思余録』）。

さらに蘇峰自身も、この時期、「家族専制」を批判し、「今日に於ける社会の本位たる家族制を一変して、個人制となすにあらざるよりは、到底家族専制の悪風を打破する能はざる也」（『国民之友』第一九四号、一八九三年六月）と主張していたことは石井には大きな励みとなっただろう。軍事か商業か。大胆にして明快な二分法を提示し、「武備社会」に対して「生産社会」を、「貴族社会」に対して「平民社会」を擁護し、「旧日本」に前者を、「新日本」に後者を割り当ててみせる『将来之日本』によって「読書社会」に華々しくデビューした蘇峰は、その後、議論の主戦場を「家族」に移し、「家族制」に対する「個人制」の優位を盛んに強調していたのである。そうした関心の推移には、民法典のとりわけ親族篇を巡ってこの時期、知識人の間で激烈な論争がたたかわされていたという事情が当然に影響していよう。

石井がルソーと出会ったのは、このような時期であった。「家族」のあり方はたしかに当時、一つの焦点だったのである。だが、「個人制」とはいえ、「家族」や「社会」の存在そのものを蘇峰が否定していたわけではない。蘇峰が批判の対象としていたのは、「隠居」や「養子」といった慣習法的制度を中核に形成された江戸期以来の「イエ」と、それが若者に課す扶養義務の重さであった。旧来の「イエ」に代えて蘇峰が提案するのは、「愛」によって結びついた夫婦と、「血」によって繋がった子供からなる小家族である。その意味で、問題だったのは「家族」のあり方であって、「家族」の存在そのものではなかった（第三章参照）。

これに対して、石井が目前にしていた「孤児」とは、従来の形の「家族」であれ、そうではない新しい形のそれであれ、そうしたものの庇護を全く受けることができなくなった存在である。蘇峰に導かれつつ、だがこの点においては蘇峰を離れて、石井はひとりルソーと出会った。「幸福なるかな多くの孤児よ爾曹は父母を失して却つて自然的教育をうくるに至れり」。石井がこのようにいうことができたのは、たしかに、蘇峰ではなく、ルソーのおかげだった。本来の「自然」においては「純清純善なる人の子」は、腐敗した「社会」の「感化」によって悪へと導かれる。そうであれば「孤児院」は、こうした「自然」に適った施設であり、新しい「社会」の原理はむしろここにこそある。

三月九日　金曜日　曇天　ルーソー先生曰く　社会は奸悪なり腐敗せり　人世の罪悪は皆社会あるより来る　人の堕落するも亦た之よりなり　故に純清純善なる人の子の性質を斯る腐敗の感化より保護せざる可らずと実に然り　予が天職は之れなり　曰く今日の如き腐敗せる社会より孤児を救済して之れを孤児院にて保護し一己独立の人間となし以て此の腐敗社会を一掃するにあり。

「孤児院」──「新社会」の原像

「一己独立の人間」同士の間に結ばれる「精神的同情的結合」(『日誌』一八九四年二月一日)としての「社会」。それはルソーだけでなく、蘇峰の夢でもあった。そして蘇峰や、彼の周辺に集った知識人が夢見た「新社会」は、「孤児院」によってその内実を与えられることになる。石井はそのように夢想したのではないか。

蘇峰の影響の下、「新日本」の歴史を描かんとした竹越三叉は、その『新日本史』でやはり「個人制」の「社会」を擁護しつつも、「然らば則ち我国民はもはや一個人を以て、直ちに国と関係する乎。一個人と国家との間に連鎖たるべき社会は存せざる乎。曰く否な」(竹越三叉『新日本史』一八九二年)と問う。「個人制」の「社会」は、国家の前に赤裸々な個人が立たされる「社会」を必ずしも意味しない。国家と個人との間にはやはり「社会」があるべきである。しかし、そこにあるのは新しい「社会」でなくてはならない(「新奇なる社会は自然に起れり。……一個人はこの社会を通して以て国家に関係する者なり」前同)。古い「社会」、捨て去るべき「旧社会」の筆頭に、竹越が挙げるのはやはり「家族」である(「家族、門地、系統、士農工商、華族、同藩、学派等の人為的社会、人為的階級」前同)。この「家族」も蘇峰と同様、従来の「イエ」を指しているのであって、「家族」の存在そのものを彼が否定したわけではない。また、「万人協同の精神」、「コスモポリタン」の「精神」に満ちているというこの「新社会」の直接の例として、竹越が「孤児院」を挙げているわけではない。だが、少なくとも石井の眼には「孤児院」が、こうした竹越が夢想する「新社会」の一翼を担う存在として映じたのである。それは単なる誤解であっただろうか。おそらくそうではあるまい。

その後の『エミール』

明くる一八九五（明治二十八）年、岡山で猖獗をきわめたコレラによって石井は妻を喪う。自身もコレラに罹患するなかで、石井はふたたびキリスト教の彼岸的側面を強調するようになる。「悪魔」もまた『日誌』に現れる。前年の八月から始まった戦争を「力の福音」と信じた蘇峰は、自身の思想の方向性を急激に転回させていく。後の蘇峰との実際の出会いは、たしかに石井と岡山孤児院に多くのこと――ここではもはや触れることはできないが――をもたらすことになった（詳細は細井勇『石井十次と岡山孤児院』、とくに第Ⅲ部参照）。とはいえそれはこの一八九四年に夢見ていたものとは少し異なったものであったのは確かだろう。

では、『エミール』が、石井と孤児院に何をもたらしたのか。それもじつのところ定かではない。石井の故郷、日向茶臼原《ちゃうすばる》（宮崎県西都市）の開墾とそこへの「殖民」の試みがあり（それはしばしば『エミール』の実践と表明された）、その挫折があった。二宮尊徳やトルストイ。多くの「知己」との出会いを通して石井は変わり、そのつど、ルソーと『エミール』の位置付けもまた変わっていく。

宮本よねときの姉妹が、岡山孤児院に引き取られたのは一八八八（明治二十一）年の夏のことであった。明石に生まれ、早くに母と死に別れ、父は流行のコレラで命を落としたのである。神戸の伯父に引き取られるが、マッチ工場に働きに出されたその生活は、「いちどもあついおまんまをたべたことはありませんでした」(『基督教新聞』一八九一年十一月二十七日)と述懐するほど苦しいものであったという。あまりの辛さに伯父のもとを出て、生き別れた大阪の兄のもとに身を寄せようとするが道がわからず、途方に暮れているところを、同情した人の手によって、まだ開設後間もない石井の孤児院に預けられたのである。このとき、姉の「よね」は数えで十一歳。妹の「きの」は数えで八歳であった(田中和男「孤児の運命」『石井十次の研究』所収、参照)。

姉の「よね」は、一八九五年、十八歳で孤児院の会計主任などをしていた男性と結婚する。翌九六年七月二十六日には男子を出産。その子は笑入と名付けられた。「えみいる」と読むのであろう。石井の夢が遺した人生が確かにあったのである。

文献

『石井十次日誌』(石井記念友愛社〈宮崎県〉、一九五六—八三年)。日記自体は一八七九(明治十二)年から書き継がれているが一八八七年以前の部分は未刊。なお日記の原本と関連資料は石井記念友愛社(宮崎県児湯郡木城町)附属石井十次資料館所蔵。

第五章 「自治」と「いやさか」——後藤新平と少年団《ボーイスカウト》をめぐって

社会は教育学の中で自己の黄金時代を夢想するものである。……
社会は幼児教育の中に自己の夢をひそかにかくしておく……
ミシェル・フーコー『精神疾患と心理学』神谷美恵子訳

一 失われた時を求めて？

僕等のすきな総長は／白いおひげに鼻眼鏡／団服つけて杖もって／いつも元気でニーコニコ／……／僕等のすきな総長は／古希のお年になられても／ますます丈夫でえらい方／総長いやさかいーやさか

これは後藤新平（一八五七―一九二九）が総裁（総長）を務めたボーイスカウト少年団日本連盟で実際に歌われていたという「後藤総長弥栄《いやさか》の歌」である。後藤はこの歌を愛した。ハイカラな制服に身を包んだ、声変わり前の少年たちが、(1)声を張り上げてこの賛歌を斉唱するたびに、後藤は涙を流したのだという。(2)事実、後藤の晩年における少年団《ボーイスカウト》活動への傾倒ぶりを伝える史料は多い。そしてそれらの史料からは、新しいもの好きで無邪気な、まるで少年のような一面をもっていたこの老政治家と、少年たちとの感情的な交歓が確かに伝わってくるかのようである。

少年団《ボーイスカウト》が日本に定着するにあたり、後藤の働きは大きかった。知名度の向上という点でも後藤の総長就任は効果的だった。東京市長としての退職金十万円を即座に活動資金として寄付したというエピソードからもうかがえるように、その貢献も献身的なものだった。後藤は日本の少年団《ボーイスカウト》の恩人と言える。[3]他方、決して幸福で満ち足りたとは言い難い幼年時代を過ごした後藤にとって、少年団《ボーイスカウト》の活動は、あるいは失われた幼年時代の代償とも言えたのではないか。

とはいえ、後藤にとって少年団《ボーイスカウト》がもっていた意味を、個人的な趣味や、ノスタルジックな代償行為とだけ見なすのは間違いだろう。後藤が少年団《ボーイスカウト》の総長として活発に活動した時期は、彼が組織した一大政治運動である「政治の倫理化」キャンペーンの時期と重なる。そして、両者の密接な関連性が後藤自身とその周辺によって説かれていたのである。一九二六年に開始されたこのキャンペーン中に、累計百万部印刷されたというパンフレット『政治の倫理化』の末尾には、二荒芳徳（一八八六—一九六七。当時、少年団日本連盟理事長）の名で、「親愛なる少年団盟友諸君」と題した文章が付されていた。その冒頭、このキャンペーンを後藤による新党結成の動きの一環と見る世上の憶測を意識しつつ、二荒は以下のように言う。

新聞紙上の伝ふる処必ずしも一様でなく、中には総長は直ちに新政党の樹立に向つて努力せられんとするもの如く誤りて憶測し居るものもあります。……詮じ来たれば従前より少年団に対して尽瘁せられました意義を広めて国情の大勢に鑑みて是を二十五歳以上の新有権者千二百万人に及ぼすために別に新運

後藤新平の古希を祝って御津ボーイスカウトが描いた絵
（1926年6月4日、『後藤新平文書』R－56：20－1）

動を起こされたものと解すべきであります。(4)

「政治の倫理化」運動は、新党結成よりもむしろ、少年団《ボーイスカウト》の意義を「新有権者千二百万人」に及ぼさんとするものだ、というのである。そして、後藤自身も「少年団訓練の真意」を『政治の倫理化』講演の中で、以下のように説いていた。(5)

「後藤といふ男は実に気まぐれな男だ。昨日までは、少年団などと言つて、小供《(ママ)》を集めて棒切れなどを持つて、戦さごつこをしてゐたが、近頃はまた政治の倫理化だなどと、地方まで行つて演説してゐるさうだが、あれは一体つづくだらうか」などと、言はるる方々もある相である。これは以《もつ》ての外の誤解である。少年団と政治の倫理化とは、その実質において全く同一物なのである。(6)

もちろん、少年団《ボーイスカウト》と「政治の倫理化」とを、「その実質において全く同一物」であるとする発言を、額面通りに受けとることは危険であろう。また、二荒の言を真に受けて、「政治の倫理化」運動を少年団運動の成人版としてのみ捉えることは、複雑な政治的状況の中で、様々な意図や目論見を含んで組織されたこの運動についての見方としては、あまりに単純過ぎよう。(7)

だがそれでは、この発言は、唐突な運動の立ち上げを訝しむ世間に対する単なる弁明の域を出ないものなのだろうか。また、たとえそれが弁明にすぎないのだとしても、なにゆえにそのような弁明が可能であると思われたのか。そのような問いを立てることは可能であろう。「政治の倫理化」運動を、国家大に広がる少年団運動になぞらえることで彼らは、いったいどのような秩序構想へのコミットメントを表明しようとしたのか。政治思想史的な方法による接近を試みる余地はなお残されているのではないか。

ここでいったん、後藤が参加することになった少年団運動《ボーイスカウト》に、直接的影響を与えた大英帝国におけるボーイスカウト運動へと、眼を転じたい。

二　見いだされた時？

大英帝国にとってのヴェトナム戦争とも言われるボーア戦争は、国際的な威信の動揺と、国内における階級分裂の激化という深刻な変化を同帝国にもたらした。分裂し動揺しつつある帝国という自己認識が広まる中、ボーイスカウト運動はこの時期の大英帝国を席捲することになった。(8) *Scouting for Boys*（『少年のための斥候術』）という著書によって、ボーイスカウト運動の主唱者となったバーデン・パウエル（Baden-Powell）が、ボーア戦争の英雄であったという事実は、以上の事情を象徴的に現していると言えよう。

先行研究によれば、この自発的な結社としての青少年教育システムには、四つの特徴があった。「ちかい」と「おきて」と呼ばれる独特のモラルの体系、パトロールシステム、バッジシステム、野外活動の重視である。また、「ちかい」と「おきて」においては、日露戦争を通じて一躍有名になった明治日本の「武士道」が参照され、野外活動ではキャンプファイヤーというズールー族の儀式が参考にされ、制服にはアフリカにおけるバーデン・パウエルの経験（つば広帽の導入）が反映されるなど、エキゾチックでオリエンタルな要素が取り入れられている点にも特色があり、この点は運動の普及に大いに貢献したと言われる。(9)

大英帝国産のこの青少年教育運動は、明治日本にも大きな影響を与えることになった。その背景としては、従来、学校とは別個に組織されてきた、一部は江戸期から続く独自の地域的青少年団体が、日露「戦後経営」状況下において、様々な論者から政治社会の統合を担保する装置として注目され、利用されようとしていたという事情があった。[10] そのようないわば自生の青少年団体が、整理・統合・再編されていく状況の中で、少年団《ボーイスカウト》運動は、直ちに論者の注目するところとなり、彼らの構想の重要な参照項となったのである。

軍人田中義一――『社会的国民教育――一名青年義勇団』

様々な人々が、この時期、少年団《ボーイスカウト》運動を紹介した。例えば軍人である。ジョージ五世の戴冠式に随員として渡英した乃木希典は、英国においてボーイスカウト運動の隆盛に接し、田中義一(一八六四―一九二九)に調査を命じた。[11] 田中は、調査結果を在郷軍人会の機関紙『戦友』に掲載し、また各国の青少年教育運動の概観と自らの提言をまとめた著書『社会的国民教育――一名青年義勇団』を一九一五(大正四)年に出版している。[12]

同書において田中は、「学校教育」とは区別された「社会教育」の必要を強調している。田中によれば、日露戦後の日本は、「外形的には戦勝国であるが、無形的には寧ろ敗者の位置」にある。来たる「日露戦争以上の国難」に耐え得る「体力」と「元気」とを現今の青年が有しているかは、はなはだ疑問である。[13] また将来、青少年の指導育成にあたるべき師範学校の学生たちは、智識の詰め込みに偏しており、六週間現役兵制(師範学校を卒業し教員となった者は兵役を六週間に短縮するという制度)をすら忌避する傾向が見られ、それが国家から与えられた「特典」であるという自覚に乏しい。[14] バーデン・パウエルがボーア戦争に見出した危機を田中は第一次世界大戦勃発の影響に揺れる日本社会に見出すのである。このような現状認識の延長線上に、田中における「社会的国民教育」の重要性の強調はあった。

だが、田中の提言の実践的含意は、以上のような危機感の高さに比して、意外と穏和なものである。例えば、軍事教育をこの「社会的教育」において実施することに、田中は否定的である。「軍事予備教育の度が過ぎ」れば、それは大量の「半可通」を産む結果になり、そのことは実際の軍事編成においては弊害をもたらすであろう。[15]「社会的国民教育」における「軍事上の教育」としては、「勅諭の御精神」「団隊編成の大要」「階級の識別」等で十分である。「無形的方面」における「服従の徳義心」と「協同の観念」とを涵養することができればそれでよいのである。[16]

田中のこうした態度の背景には、田中自身が中心となってその設立に尽力し、整備しようとしていた在郷軍人会および青年会の存在があったものと思われる。田中の問題関心はしたがってむしろ、興隆しつつある青少年教育の潮流を、自らが組織する在郷軍人会—青年会の系列にcanalizeすることにあった。[17]

此少年青年を導くと云ふことを、此青年会の事業の主眼とすれば大変便利でもあり、好結果を得る方法にもなる。……多くの在郷軍人は、半面に於いては青年会員であると云ふ状況であるから、日本に於ては此事業を輔育すべき適当な母体が既に出来て居る訳である。[18]

諸外国の事例の紹介にもかかわらず、田中は「社会的国民教育」を、実質的には「青年会」と「在郷軍人会」の機能を補完するものとして位置付けようとするのである。例えば、先述した「軍事訓練」は、「青年会」ではなく「在郷軍人会」で行うことになる。[19] また、そこで組織される「青年」の定義についても田中は、「十三四歳から徴兵適齢迄」と述べており、それは彼が提唱する「青年団」構想と重なる。[20] それ以下の年齢層については、そもそも言及がなく彼の視野には入っていないようである。[21]

また、イギリス発祥のボーイスカウト・モデルの受容という視点から見ても、田中の著書はその紹介に多くの紙数を割きつつも、田中自身も認める通り、むしろドイツモデルの影響が——当時交戦国であったにもかかわらず——強い。なにより、後藤が大好きであったボーイスカウト独自の制服の採用に、田中は否定的であった。[22]

社会主義者深尾韶——報徳運動と「小供の社会主義」

ボーイスカウト運動の導入を積極的に提唱したのは、軍人ではなくむしろ社会主義者の方であった。平民社社員として、堺利彦とともに日本社会党の設立に尽力した深尾韶（一八八〇—一九六三）である。深尾は、バーデン・パウエルの *Scouting for Boys* の内容紹介を中心にした著書『少年軍団教範』を、田中の『社会的国民教育』刊行と同年の一九一五年に出版している。「人類の生存状態を一変すべき驚くべき怪力は現はれた。……怪物の名は「少年軍団」といふ」と始まる冒頭の部分はたしかに、深尾の社会主義的な教養背景を感じさせはする。[23] もっとも、深尾はすでに一九〇七（明治四十）年、平民新聞内部の分裂を契機にして社会主義の実践からは離れていた。故郷の静岡に帰り商売に従事するものの、一九一四年八月に静岡を直撃した台風に起因する洪水に罹災し廃業。失意の時期であった。[24] しかも、深尾は一九一〇年以来、報徳運動——静岡はその中心的な地域であった——の実践組織である斯道会とも関係を有していた。同様に報徳運動に関係していた田中義一の『社会的国民教育――一名青年義勇団』と深尾の主張とが、一定の共鳴を示すのは、したがって、ある意味で当然であった。だが注目するべきは、深尾の構想が、あくまでも「少年軍団」の意義を強調する点で、田中のそれとは明らかに異なるということである。

吾々の眼から見ると、青年会は何故少年軍団の制度を採用して其会員を訓練せぬのであらうと訝りたくなる……更に又在郷軍人会に就いて考へて見ると、今の処では軍人会は殆んど何等存立の必要なる程の仕事をして居らぬ。然し若し軍人会が主動者となつて青年会を指導するに心掛け、此少年軍団の方法に依つて少年会員を訓練して行つたならば如何であらうか。(25)

世界的に興隆する青少年運動の意義を、「青年会」「在郷軍人会」の活性化に関連付けて捉える点において両者には一致点がある。だが深尾は、現状における「青年会」と「在郷軍人会」の機能不全を衝き、返す刀でそれらの活性化のために「少年軍団」の創設を説いた。その際に深尾は、組織原理の次元において、「青年会」「在郷軍人会」に対する「少年軍団の制」の優越を主張していた。(26) こうして見れば、「青少年」運動から「青年」のみを切り離し、既存の「青年会」―「在郷軍人会」系列への吸収を図る田中と、「少年」運動に固有の意味を認める深尾との間の差異は明らかである。それどころか、彼がここで試みているのは、「少年軍団」のモデルに沿った「青年会」の再編・包摂であるとさえ言えよう。

「少年」へ着目する深尾のセンスは、社会主義者時代以来のものである。平民社時代の深尾は社会主義の「伝道行商」と称して、各地で「幻灯器械」の上映により人を集めつつ、書籍やビラを売り歩いていた。その際、深尾は「お伽噺「新桃太郎」」を講じたという。また、機関誌『光』には、「小供《ママ》の社会主義」という副題を付した「あきらめ島」「次郎と豆の茎」なる続き物の童話を、連載するなどしていた。[27] 狙いは明らかに子供の動員であった。

それでは、「少年軍団」を組織することで子供たちが学ぶことは何なのか。それは「自治」であった。軍人の思想・規律の混乱及び政党化を防ぐことが念頭にあった田中において、「青少年」があくまでも政党化に対する緩衝地帯としての消極的な意味付けしか与えられなかったのに対し、深尾はこの「自治」という言葉を手掛かりに、「少年軍団」に積極的に意味付けを与えようと試みる。深尾にとって重要なのは、「立憲治下の自治民」として必要な「自治の訓練」であった。

> 自治民に取つて最も必要な事は、自治民としての訓練である。社会の実際に立つて見ると、我邦の人は、立憲尚ほ日浅き為め、自治の精神が甚だ薄いのが如何にも残念に思はれる。投票を売つたり、棄権したりする事を、恬として恥ぢず、自分の権利を主張する事や、多数の決議を尊重して之に服従する事を知らない。[28]

深尾によれば、「人民多数の福利と互助の生存とを目的にする自治の精神」は、「青少年」時からの訓練の賜物である。「成人に行はれぬ自治も、反つて青少年には容易に行ふことが出来る」のであり、「我が少年軍団の形作る自治団こそ、日本全国中の自治体の模範たる天職と素質とを有するもの」なのである。[29]「少年軍団」は、青年会どころか、「日本全国中の模範」たりうる、というのである。

この点で興味深いのは、深尾が「少年軍団」における「自治団体」形成の教練として、「殖民地」制なる特殊教練を「殖民自治法」として積極的に取り入れようとしていたことである。[30]簡単に言えばそれは、少年たちに架空の殖民地を形成させ、そこにおける殖民地統治の経験の中で、「自治」を学ばせようというプログラムであった。

もちろん、ここで実際に説かれているのは、少年たちに独力で生活するという体験をさせ、そのことを通じて、大人の助けを借りずに組織のルールや規律を守っていく態度を学ばせよう、というものにすぎない。例えばそれは、侵略的で好戦的な気風を植えつけようとか、先住民を駆逐し、異民族を統治する経験を積もうなどといったたぐいのものではない。むしろここでの「殖民」の含意とは、既存の惰性的な環境の影響からいったん離脱し、独力でしかも一から、新しい秩序を築いていこうとする建設的なエネルギーの謂いなのである。

「自治の精神」を学ぶにあたって、そのいわば実験場として「殖民地」を捉えようとするこうした発想は、後藤について考えるにあたっても興味深い視角を提示するであろう。周知のように、この時期、後藤は「自治団」運動を提唱していた。[31]また、「殖民地」経営に関する関心が後藤の一生のものであったことは言うまでもない。その際、後藤にとっての「殖民」もまた、実践的な行政知の体系であるばかりではなく、「自治」という語に当時多くの人々が込めようとした道徳的エネルギーを、調達するための仕組みでもあったのではないか。

「国民道徳」の普及団体である斯道会とのかかわりのゆえもあり、深尾の「少年軍団」構想は、従来は、「もはや社会主義とは関係なかった」とされ、[32]社会主義的な立場からの「転向」を意味するものとされてきた。[33] だがここではむしろ、社会主義と報徳主義とが、「少年軍団」という媒介項を通して相互に乗り入れ可能であったことにこそ着目するべきではないか。

一九二二年、深尾は、後藤を総裁に戴く形で発足した少年団日本連盟に、理事として参加することになる。青年会、在郷軍人会という既存の組織をにらみつつも、それらを「少年軍団」＝ボーイスカウトが呑み込むような形で運動が展開していく可能性を、おそらく深尾は夢見ていた。

伯爵二荒芳徳――「いやさか」と「篝火のまどひ」

少年団《ボーイスカウト》に夢を見たのは社会主義者だけではなかった。冒頭にも登場した伯爵二荒芳徳もその一人である。[34] 宇和島の伊達家に生まれた二荒は、学習院を経て、一九一三年には東京帝国大学政治学科を卒業し、同年に文官高等試験に合格。内務官僚として一九一五年には、静岡県学務課長に着任している。この静岡で二荒は深尾と出会い、ボーイスカウトの理論と運動に接することになった。翌々年の一九一七年には、休職の上、欧州に遊学。ボーイスカウト本部とバーデン・パウエルを訪ねた。帰国後も積極的に運動にたずさわり、一九二二年に少年団日本連盟が発足すると、深尾と同じく理事に就任している。

一見して華麗にしてハイカラな経歴を誇る二荒が少年団《ボーイスカウト》運動に新しく持ち込んだのは、古神道に基礎付けられた（と彼が信じる）「いやさか」の理念とその実践であった。二荒は、一九二四年、「少年団呼としてイヤサカを採用するの提唱」を、団の機関誌『少年団研究』（第一巻第三号）に掲載した。この提案は正式に採用され、式典等の折に少年団員は「いやさか」を斉唱することになった。冒頭の「後藤総長弥栄の歌」の、その題名と歌詞に「いやさか」が用いられているのは、これを受けてのことであった。

しかも二荒にとって「いやさか」とは、単なる形だけの儀式などではなかった。「弥栄」は「日本少年団の祝声である。同時に、信仰である」とする二荒は、やはり『少年団研究』に掲載した論文「弥栄の信仰」において、次のように言う。

少年団の祝声なる「弥栄」――「いやさか」は実は少年団健児の生活信条であると同時に将来日本国民の生活信条たるべきものであるとの確信を我々は堅持する。「弥栄」とは吾人の有せる「生命」を直視して、その弥《い》や栄えに栄ゆるを祈る念願の発現である。(35)

「いやさか」とは「生命」の「直視」であり、またその繁栄の「念願の発現」である。また、「いやさか」の発声によって体現される「信仰」が、少年団《ボーイスカウト》にとっての「生活信条」であるばかりではなく、「将来日本国民」の「生活信条」でもある。二荒はそのように主張する。さらにはこの「生命」を「我」とも言い換えて次のように言う。

此の世界は総て「我」の意識を根拠として動いて行く。「我」あるが故に国栄へ、世輝く。……「我」は万物存在の第一歩である。しかし「我」は必しも五尺の肉体に限られた「我」のみを意味するものではなく、或は団体に拡張し、或は、「国家」に拡張され、時に或は「世界」に拡張される。(36)

「生命」＝「我」は、自己にとどまることなく「団体」に、「国家」に、さらには「世界」へと拡張されていく（二荒は「社会我」や「国家我」という表現も好んで用いる）。さらにこの「生命」＝「我」は、空間的のみならず時間的にも拡張される。子孫や祖先もまた拡大する「生命」＝「我」なのである。二荒が、「日本は由来祖先教の国である。……同時に子孫崇拝の国である。更に換言すれば生命教の国である」と述べるのも、こうした含意においてのことである。[37]

ここにうかがえるのは「自我」の高揚や「生命」の高潮を謳ういわゆる大正「生命」主義の思想潮流とともに、筧克彦（一八七二―一九六一）の影響である。二荒の在学中、東京帝国大学法学部において行政法第二講座を担当し、ディルタイやギールケに学んだドイツ公法学と古神道の教義とを融合した独特の国法理論を講じていた筧はこの時期、[38]「支那」由来の漢語「万歳」に対する「いやさか」の優位を力説してもいた。『少年団研究』第三巻第五号（一九二六年五月）に「「ばんざい」と「いやさか」と」を掲載した筧はそこで、「いったい「万歳」と申すことは支那思想を極めて良く表はして居る」との主張を繰り広げていた。そもそも「万歳」を式典の際に斉唱することは、明治二十二（一八八九）年に始まった〈創られた伝統〉にすぎない。また、「万歳《ばんざい》」という発声も、式典における景気づけを意識した「ばんぜい」（漢音）と「まんざい」（呉音）との折衷にすぎない。[39]意図的な重箱読みであり、しかも濁音を強調する「ばんざい」は「皇国固有の言葉」にはふさわしくない。そしてなにより「万」という具体的な時の長さを掲示して長生を願うという点は、個別の現世利益を求める「支那」的な「個人主義」の思想の現れなのである。これに対し、すべての音節が清音で構成される「いやさか」が「表現」するのは以下のごとき思想である。二荒と筧による共編著『かみあそびやまとばたらき』（一九二四年）において筧は説く。

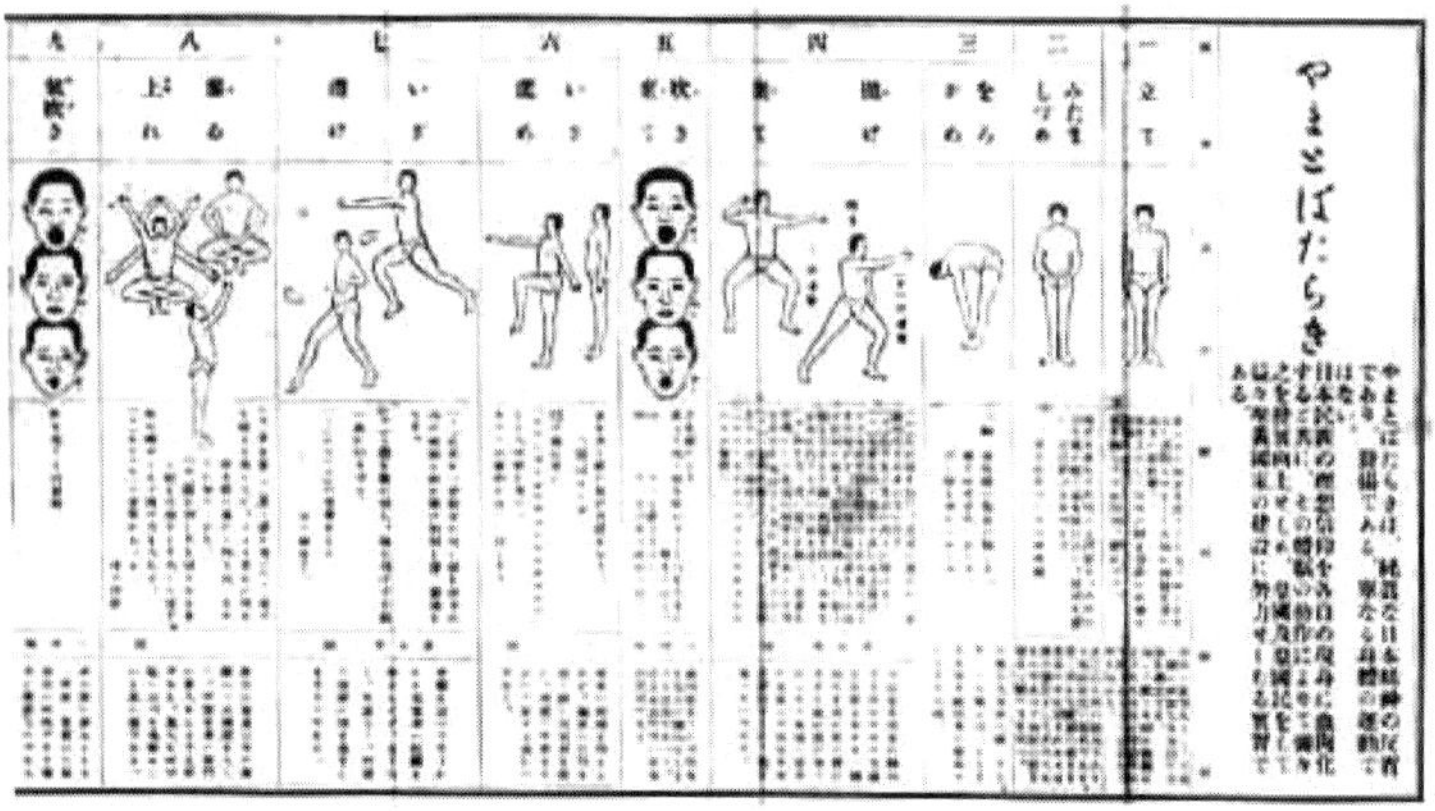

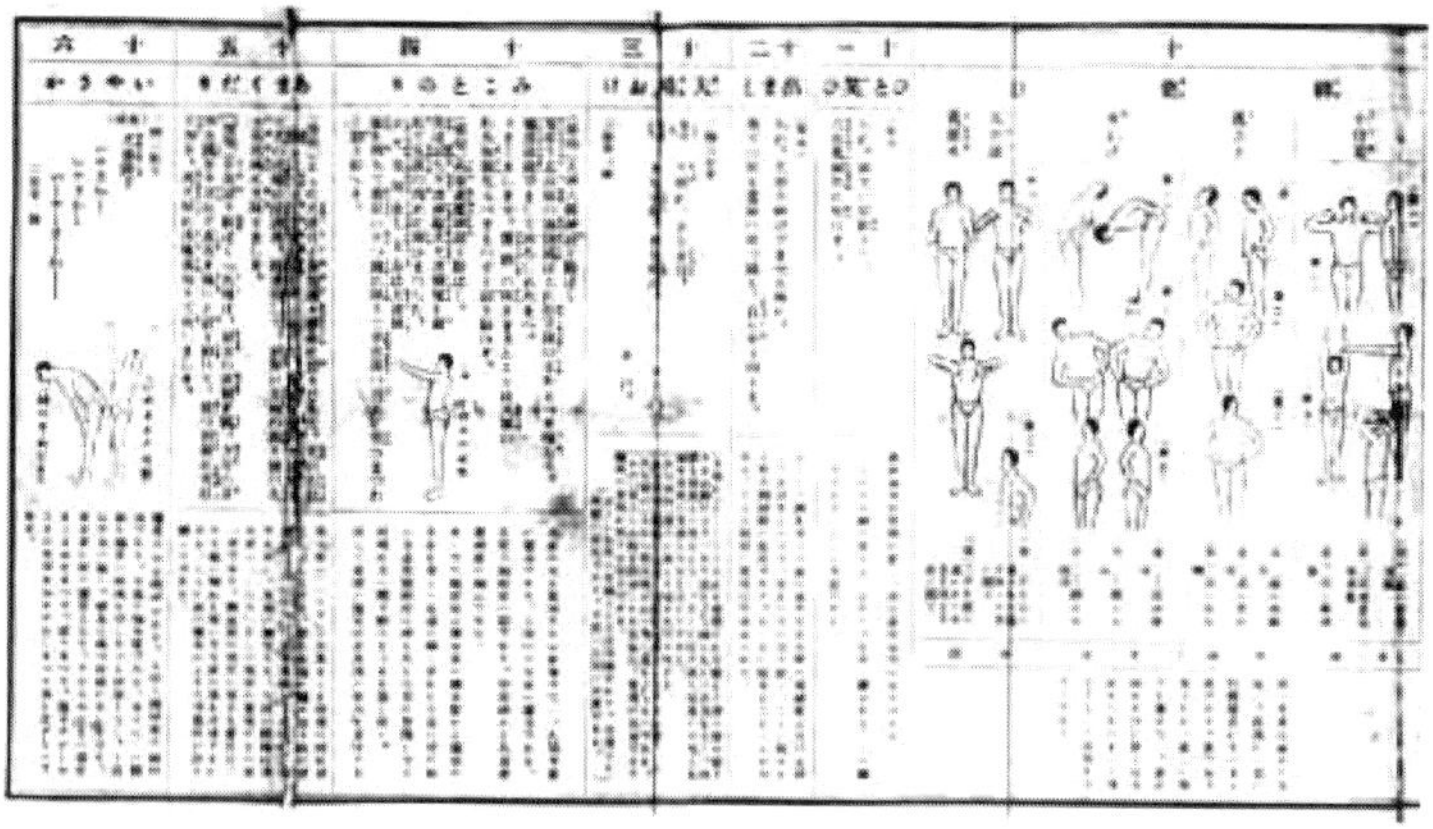

筧が考案した「やまとばたらき」体操（奈良県立図書情報館蔵）

「いやさか」は現実の偶然を祝ふ発声ではなく、永遠なる普き繁栄を表現して栄ゆる現実を祝ふものである。「いやさか」とは一個の肉体が万年まで生きるといふて喜ぶ義ではなく、各自相当の完きを尽す様に、三代一人として永遠に且普く栄えよと祝ひ願ふ意義である。三代一人の弥栄を表現し、充分に栄えよ、三代一人の弥栄を表現せねばならぬぞと要求するのである。されば、現在を軽んじて之を見捨て超越せんことを勧める意味でないと同時に、徒らに現世の肉体のみに執着する万歳とは大に精神を異にする。(40)

親と自己と子供。この「三代一人の弥栄」の「表現」が「いやさか」の発声である。こうした「いやさか」の発声は、寛にとっては、一九二〇年以来寛が提唱している「皇国運動《やまとばたらき》」運動の一環だった。「いやさか」は、その後例えばラジオ体操として現実化するような、主に少年たちが行うマスゲーム的な身体訓練として創案された「皇国運動《やまとばたらき》」——発声と動作の一つ一つには記紀をはじめとする典拠があるとされた——と一組になって、効果を発揮するはずのものであった。「万歳」に対する「いやさか」の優位。それは、二荒にとっては「翻訳」的、「理智」的な〈明治〉に対する、〈大正〉の自己主張を意味した。「支那」と「西洋」に侵食された明治日本を改造する立脚点を二荒は、寛が描く「皇国」の伝統に求めたのである。渡欧する直前、一九一七年に出版された『非教育者の教育論』で二荒は、従来の「理智の教育」を批判して以下のように述べていた。

宗教心の培養に適当なる時期たる五六歳より十二三歳迄の間、冷静な卑近な理智の教育を授くることの

筧の「皇国根本義曼荼羅」（著者蔵）

みに空費せられて、純白なる児童の頭脳に自然に存在してをる「神性」を哺育すると云ふことに毫も力が用ひられてゐない。(41)

しかるに、二荒の見るところ、この「五六歳より十二三歳迄の間」に学校で教えられる「修身」の現状は、「孝行の強制」や「忠義の強制」に堕している。「理智」と道徳が切り離され、後者は強制の契機に依存している、というのである。だが、「心すべきは、道徳の実践や忠君愛国は単純な義務ではなくして自己最深の已むに已まれぬ欲求であると感ずる様に導」くことである。(42)

そこで必要なのは「学校教育」より「社会教育」である。この点は田中義一らと同様の主張である。二荒はだが、従来の「地方改良」運動がもっぱら農村部を意識してきたことを指摘し、都市部における「社会教育」の必要性を力説する。その際に二荒が着目するのが「演劇」と「活動写真」であった。(43) 実は、『非教育者の教育論』の大部分を占めるのは、「五六歳の小供の時から毎朝缺かさ」ず神社に参拝し、「人間の生命と云ふものは只この軀《からだ》だけに限られてゐるものではない」と教えられて育った、その名も「弥栄」なる巡査が主人公の戯曲である。(44) 二荒が書き上げたこの戯曲のクライマックスでは、鉄道運賃値上げに反対する群衆が、暴徒となって鉄道会社を焼き打ちするなか、この「弥栄」一人が上司の命令を忠実に守り殉職することになる。日比谷焼打ちや一九一四年の名古屋電気鉄道の焼き打ちをはじめとする実際の騒擾事件を想起させる、暴徒と化した群衆を前に、「上官の命令は実に御朝廷《おかみ》の御命令である」と信じた下級官吏が、「国家の御為に死ぬるのは国家と永遠《いつまで》も生きてをるのであると云ふ事」を念じながら殉職する。二荒が「社会教育用資料」と呼ぶこの脚本「弥栄」[45]は、実際、映画としても上映されたのだという。

　音声や、視覚、身体訓練を通して、「理智」ではなく感性や感覚に訴える「教化」のあり方。こうした意味での身体論への着目やメディア的志向は、少年団《ボーイスカウト》運動においても遺憾なく発揮されることになった。

　一九二五年十二月十二日、同月六日に誕生した皇太子裕仁親王と同妃良子《ながこ》女王（いずれも当時）の第一子が照宮成子《てるのみやしげこ》と命名された。大正天皇の初孫誕生を受けて世間は祝賀ムードに包まれた。少年団日本連盟および東京連合少年団もこれを記念して同日、皇居からもほど近い日比谷公園において、夕方六時から「篝火《かがりび》のまどゐ」なるイベントを催した。

　すでにとっぷりと日は暮れていたであろう。総長である後藤の挨拶は当時まだ開局間もなかった東京放送局からラジオ放送された。集まった少年たち、そしてラジオの前の――「日本内地」に限らず、朝鮮、台湾、香港、シンガポールの少年団員《ボーイスカウト》を含む、六万人の――少年たちに向けて後藤は「篝火のまどゐ」の意義について語る。「夜の帳帷がこの地上を蔽ふ時、兄弟の心持を以て結んでゐる少年団は広やかな野原又は森林の空地を選んで草を布いて車座に坐り、集つた人々の中から「まどゐの長」即ち座長を出し、……その指揮の下に団居の中央に少年団員が樵り集めた薪を山の如く積み、……これに火を点ずる」。すると次のような空間が現出する。

薪は俄に天を焦すやうな火災をあげて、その座に連る兄弟の顔は皆一時に輝きを見せ、この「まどゐ」だけは寂寞たる闇を環境とした中に水も漏らさぬ親密な集団となるのであります。此所に集るものはお互に些の遠慮もなく、或は思ふ所を述べてこれを先輩に質し或は自己の感激を披瀝して兄弟に訴へ、或は理想を語つて人生の春を待つような極く真剣な気分を体験する(46)……

十二月の夜である。寒々とそして黒々と広がる闇の中で、燃え盛る篝火を中心にして「水も漏らさぬ親密な集団」がいくつもいくつも現れ出る。その楽しい時間と空間もやがてひとまずの終わりを告げる。少年たちは家に帰る。その終わりを画するのは、しかし、「支那からの輸入語」である「万歳」などではない。「日本民族の太古より有する理想信念をつゞめて表した語」である「いやさか」でなくてはならない。午後七時、後藤が言う。「只今、正に七時になりましたが津々浦々の日本少年団六万と共に両陛下並に皇太子、同妃、皇孫三殿下の「弥栄」を三唱致しませう。天皇、皇后両陛下いやさか、いやさか、いーやーさーかー 皇太子、同妃、皇孫三殿下いやさか、いやさか、いーやーさーかー(47)」。

筧と二荒が夢見た〈権力のグラフィクス〉は、この夕、後藤の声を通じて、少年たちの体をキャンバスとして、確かに描かれたのである。

ひるがえって後藤について言えば、後藤は少年団運動《ボーイスカウト》を介して、社会主義と報徳主義、さらには復古神道や皇室崇拝までもが混在し、共鳴する地点を探り当てたのだと言えよう。それは既存の青年運動や、地方改良運動があるいは取りこぼそうとしていた政治資源を、掘り起こす可能性をおそらく秘めていた。こうした後藤の嗅覚は、では、いかにして形成されてきたのか。

三　社会は二度生まれる？——「社会」の発見と「自治」の輪郭

日露「戦後」の思想状況を端的に表すのは「社会の発見」であると言われる。「一身の独立」と「一国の独立」との無媒介な連関という〈明治〉的精神は、日露戦争による急激な高揚を最後に、その「戦後」的状況の中でやがて深い懐疑にさらされていく。そのような過程として〈大正〉的な思想状況を描く時、個人と国家、そのどちらとも異なった「社会」という独自の問題領域が立ち現れる、というのである。[48] これを「社会」観の変遷として見るならば、個々人の自発的な結社としての「社会」——しばしば「会社」「社中」とも言い換えられる——という〈明治〉的な「社会」像が、〈大正〉的なそれにとって代わられたということであった。そうした〈大正〉的な「社会」のイメージを象徴的に表すものは、例えば、米騒動においてあるいは護憲運動において出現した、あの「群衆」であった。それは、時に、現存の統治機構に対し、その政策の妥当性よりはむしろその権力それ自体の正当性に関する問いを突きつけてくるような存在である。[49] しかしそれは他方で、例えば大震災のような状況において、流言飛語に右往左往する存在としても現れる。

社会学者清水幾太郎が着目したのは後者の契機であった。清水は自らの関東大震災（一九二三年）での罹災体験に触れる中で、「群集の中に完全に融け込んで」いた自分について、「無気力な、暗い、しかし、どこか甘いところのある気分」に浸されていたとし、そこでは「我を張つた個人というものの輪郭は失われて、すべての人間が巨大な獣になつてしまつたよう」[50] であったと回想している。

「個人というものの輪郭」が失われ、一つの「巨大な獣」のようになってしまった「群集」の姿。震災直後から繰り広げられた「天譴論」において、それを主張する政治家や知識人が分かち持っていたのもこうした「社会」のイメージであった。彼らはおしなべて未曽有の被害をもたらしたこの震災を、利己主義・物質主義が跋扈する「社会」に対する「天」からの誡めとして解釈した。こうした「天譴論」は確かに、それが由来するところの儒学に――赤裸々な欲望の噴出（「人欲の私」）を警戒し、普遍的な道義（「天理の公」）の実現を目指すという意味においては――似た部分もあった。[51] だがそこには他方で、「天」からの警告を受け、反省するべき治者ではなく、儒学的な教説においては本来その責任など問われるはずもない被治者が帰責されているという、明らかに非儒学的な側面もあった。

政界の浄化と、高い倫理規範の再構築を訴える後藤の「政治の倫理化」運動もまた、単に政党政治の腐敗に対する抵抗というばかりではなく、こうした「天譴論」の一つのバージョンと見ることができよう。ただし、後藤にとって「倫理化」の対象はあくまで「政治」であって、「社会」ではなかった。その背景には、次項で見るように、後藤に独特の「社会」把握があった。そしてそのことがおそらく、上記のような〈大正〉的状況における政治資源の獲得という課題について、独特の嗅覚を後藤が発揮しえた理由でもあった。

『国家衛生原理』――「徳義ノ集合体」と「欲情ノ集合体」

「社会」をめぐる後藤の思索に特徴的なのは、当初から彼が「社会」と「国家」とを截然と分けたうえで議論を進めているということである。一八八九（明治二十二）年に刊行された『国家衛生原理』において、後藤はグナイストに依拠しつつ、以下のように言う。

欲情ヨリ生スル競争ノ勢甚タ猖獗トナル之ヲ調節スルモノハ第二ノ生理的補充即国家ナリ……グナイスト氏曰ク一国ノ人民ハ欲情ト道徳ノ二性トヲ有ス其集合体モ此二性ヲ離ルルヲ得ス其欲情ニ成ルモノハ社会ナリ競争ノ欲心盛ナルニ随テ懼ルヘキ軋轢ヲ生ス之ヲ克制スルモノハ人ノ道徳心ナリ其道徳心ニナルモノハ国家ナリ故ニ一国ハ一面ハ国家ニシテ他面ハ社会ナリト。(52)

人間が持つ二面性（「欲情」と「道徳心」）は、それぞれ「欲情」が「社会」に、「道徳心」が「国家」に割り付けられる。「国家ナル徳義ノ集合体」と「社会ナル欲情ノ集合体」とは、したがって、全くの別物である。そして両者は、前者が後者を統制する関係にある。「欲情」を代表する「社会」において「競争」が亢進し、それが有機体全体に害をもたらす時、「生理的補充」としての「国家」が要請される、というのである。

「国家」と分離された「欲情の集合体」としての「社会」という後藤の見方は、例えば同じように有機体的な政治秩序像を共有する論者の中でも特殊な位置にあったと言える。例えば、「転向」以後の加藤弘之は、やはりこの時期、盛んに有機体論に基づく「国家主義」を唱えていた。だが、加藤においては、「我」と「国家」、そして「国家」と「社会」とは、結局のところ、同じものであった。「利己主義」という「社会生存の天則」は、「我」の「利己主義」と、「国家社会」の「利己主義」との一致として現れるのであった。(53)

この点では、実は、加藤はむしろ吉野作造に近い。思想史家飯田泰三によれば、一九二〇年代以前の吉野作造においては、有機体国家観に立脚しつつ、加藤弘之と同様に、「国家」と「社会」とを同視する態度が顕著であった。(54) 吉野の当初の研究対象であったヘーゲルの思想史的意義は、吉野の見るところ、「個人の生活なるものは元と社会国家を離れて存在せず。全然社会的交通より超絶せる個人の自由独立と云ふが如きは、到底吾人の想像し得ざる所」という点を明らかにしたことにあったとされる。吉野はヘーゲルを、「極力個人主義的機械観を排斥」し、「有機体として国家を攻察すべきことを唱導」した思想家として理解していたのである。[55]

このような吉野が、「国家」とは区別された領域としての「社会」を、肯定的な価値を持つものとして発見し、非「国家」的価値の自立を目指した言論を展開していくことになるのが、まさに一九二〇年代以降の〈大正〉的思想状況であった。「国家」的価値に対する非「国家」的価値の自立という吉野の課題は、[56]「社会」の改めての「発見」という事態を通して、はじめて浮上したものだったのである。

しかし、このような事態を、ヘーゲル解釈という点にひきつけて言い換えれば、ヘーゲルの体系に占める「市民社会」の位置付けとその意義を、初期吉野が捉えそこなっていたということでもある。ヘーゲルにおいて「市民社会」とは、「家族」と「国家」と区別された独自の領域であり、「欲望の体系」としての非倫理的な領域であった。[57]「欲望の体系」として訳されるべきSystem der Bedürfnisseが、吉野においては「欠乏の組織」と「誤訳」されていることはその意味で象徴的であった。

これに対し、ヘーゲルの影響を強く受けてその国家論を展開したグナイストやシュタインを忠実に直訳した後藤の把握は、この点では、むしろ正解だったと言える。[58]「欲望の体系」としての「市民社会」を、後藤はすでに「欲情ノ集合体」として発見していたのである。

『衛生制度論』――「法境」「衛生警察」「自治」

截然といったん分かたれた「社会」と「国家」とは、それではどのようにして媒介されるのか。その構想にも、グナイストとシュタイン、さらにその背後にいるヘーゲルの影は濃い。『国家衛生原理』とほぼ同時期に執筆された『衛生制度論』（一八八九年）で後藤は、「個人」と「国家」が接する領域として「法境」を想定する。[59] 文明の進度、「国家」と「個人」との関係性のあり方によって伸縮するとされる「法境」の領域とは、「徳義心」の場である「国家」の感化が、「個人」に及ぶ場でもあった。そしてこの領域こそ「衛生警察（Sanitätspolizei）」の領域であるとされる。

右ノ如ク警察法境ノ区域ハ国家ト一個人ト其関係ノ模様ニ依テ或ハ広ク或ハ狭ク相消長スル者ナルカ故ニ一定シ難キモノアリ然レハ衛生警察ノ区域モ時ニ随テ伸縮スルコトアルモノナリ。[60]

興味深いのは、ここで言う「衛生警察」の活動が、「国家」とは区別された「自治」団体によっても担われるものとされていることである。しかも行政的な地方自治体とは区別された、「会社制」の自治体、慈恵会社、協会、営利会社等々がそこには含まれていた。

自治ニ二種アリ其一ハ自治体（S[e]lbstverwaltungskörper）ト云ヒ其二ハ会社制（Vereinswesen）ト云フ……其一自治体ハ則府県郡市町村トス其二会社制ハ則慈恵会社、協会、営利会社、組合、行政会社、等トス。会社制ノ衛生上ニ関スルモノ少カラス。[61]

行政的な自治体とは区別された、「会社」の「自治」活動に後藤が着目するにあたっては、ヘーゲル以来のドイツ国法学の影響がやはり考えられる。ヘーゲルの図式においても、非倫理的な「欲望の体系」としての「市民社会」も、ただちに無秩序に陥ってしまうわけではない。そこには秩序維持装置として「司法」、「ポリツァイ（Polizei）」（前述の保健や衛生活動を含む広義のもの）、「共同体（Korporation）」が存在するとされるからである。「市場社会」と「国家」との相互を媒介し、いわば上から下降するベクトルと下から上へ上昇するベクトルとの双方向的な関係がそこでは想定されていたのである。

だが、単にドイツ国法学の直輸入というだけではなかったであろう。興味深いことに、『衛生制度論』が執筆されたのは、いわば明治における〈社会の発見〉の時期にあたっている。[62] 例えば、民友社に集った人々はこの時期、「家族制」に対する「個人制」の優位を説き、「個人」が織りなす「新社会」の構築を盛んに唱えていた。例えば竹越三叉（与三郎）はその『新日本史』（一八九二年）で、「我国民は……一個人を以て、直ちに国と関係する乎。一個人と国家との間に連鎖たるべき社会は存せざる乎」という反問に「否」と答える。個人と国家を媒介するものとしてやはり「社会」はある。だが、その内実が問題であると竹越は言う。捨て去るべき「旧社会」として竹越があげるのは、「家族、門地、系統、士農工商、華族、同藩、学派」といった「人為的社会」である。これに対し「自然に屈起せる新社会」として竹越があげるのは「曰く基督教会なり、仏教団体なり、政社なり、商社なり、教育会なり、商法会議所なり、工談会なり、農談会なり、文学会なり、青年会なり、婦人会なり」といった「社会」である。こうした「新社会」が「相関互交、以て一個人を介して国家と関係せしむる」というのが、竹越が描いて見せる「新社会」のヴィジョンなのである。[63]

自発的な意思が介在しない環境としての「社会」を「人為」に、そして自発的な結社としての「社会」を「自然」にと割り付ける、現在の感覚からすると奇妙にも思える竹越の用語法は、だが、有機体的な秩序イメージを前提にしつつも、行政的な「自治体」ではなく、「会社」による「自治」の秩序を描いていた後藤の構想とも、重なり合う部分を持つであろう。後藤について言えば、こうした共鳴関係は、後藤の「社会」構想について、以下のようなことを示唆しているのではないか。すなわち、「群衆」によって象徴される〈大正〉的な「社会」に共鳴する部分と、その中にあらかじめ埋め込まれた自発的結社としての〈明治〉的な「社会」に共鳴する部分とが重層的な構造をなしていたのではないか。

こうした重層的な「社会」構想に支えられた「自治」は無論、国家に歴史的にも理論的にも先行し、「社会契約」なる自己立法を通して自らに厳しい規範を課しつつ、他方、「統治契約」の解除を理由に統治機構に対する抵抗を原理的に主張しうるものとしての「自治」とは別物であろう。後藤の言い方を借りるなら「国家ノ意志即法律」の「制定」に「参与」するのではなく、あくまでその「施行」に参与する「自治」なのである。(64)そしてそのような「自治」の担い手として「会社制」の「自治」体に、後藤は大きな期待を寄せた。満鉄、各種調査機関、そして少年団《ボーイスカウト》も、このような「会社制」の「自治」体構想の、実演という面があったのであろう。

有機体的な国家観を他の論者と共有しつつも、「国家」と「社会」とをはじめから同視していなかったこと。「国家」に「徳義」を、「社会」に「欲情」を、それぞれ割り付けながらも、両者を「自治」体が媒介する道筋を構想していたこと。これらのことが、「群集」の勃興と「天譴論」の潮流の内にありながら、いたずらに「社会」を危険視するのでもなく、また、単に非国家的領域の自立に目覚めるのでもなく、様々な「自治」的装置を用いての国家的統合を後藤が模索しえた理由ではないか。[65] 当時、様々にせめぎ合う「社会」と「自治」の構想の中で、「少年」は一つの重要な媒介項として浮上しつつあった。後藤は鋭敏にもそれを察知し、いかにも彼らしく、その一点のみを共有する諸構想の相乗りを可能にするためのプラットフォームを、構築しようとしたのである。[66]

四　震災の後で――後藤を待ちながら

清水幾太郎が、そして多くの同時代人が経験した関東大震災の惨禍の中で、後藤は直ちに「復興ボーイスカウト」を組織した。公共交通網、通信インフラが壊滅状態にある中、東海道を西に向かって移動する避難民たちに対して、団員たちは、宿泊所の道案内、手荷物の運搬、食料品の運搬、老年者や幼児の扶助など実に様々な活動を行ったという。[67] 後藤は、これらの成果を、震災直後の一九二三年、「少年団日本連盟組織宣言」の中で誇らしげに語っている。

されば此の〔少年団の〕訓練を受けたる少年は平時に於ては勿論一朝事ある時に際しては自己の処置を誤らざる機知と胆力とを具へ更に老幼婦女の危急を救ひ社会百般の出来事に対し臨機応変の行動を為し得る所謂『準備ある』人たるを得るのである。今次の災害に於ても国民が斯る訓練を受けて居たならば今少し災害の程度も低かつたであらうと思ふ。[68]

子供たちが織りなす「自治」的な共同性のあり方に、「社会」の模範的な秩序原理を見出し、それを大人たちが作り上げた既存の秩序を批判する準拠点とする。そうした議論の姿勢は、実は、後藤一人に限られたものではなかった。後藤とはいろいろな意味で、全く異なった場所に生きていた長谷川如是閑（一八七五―一九六九）もやはり、大震災後の東京において見出した子供たちの遊びの風景に、自らの理想の社会秩序像を託している。如是閑は「権力の外にある世界――砂山をめぐる子供の共同の享楽」（一九二四年）において、「指導者と協同者と」が、「全く渾然たる一体をなして、この一系の生活を生きようとして、そこに一個の共同社会を作り出して」いるという、子供たちの遊びの世界を活写する。[69]

子供たちは、外部からの強制なしに、またそのうちの誰れか一人の脅迫によることなしに、一つの完全した、平和で鞏固な協同社会を作り出しているのである。そこでは、その協同動作を現実に共同に働いている機能が権力であって、武器と刑具とに依拠する強制を必要としないのである。[70]

武力や暴力といった強制の契機なしに、「社会」の「協同」は果たして可能なのか。可能なのだとすればそれはどのようなものなのか。「社会の発見」のただなかで、こうした問いを真面目に考えようとしていた知識人もまた、そうした問いに対する大きなヒントとして、子供たちの共同性を発見しつつあった。後藤の秩序構想は、おそらく、このような思想動向とも共鳴するものを持っていたはずである。「社会」の共同性が要請されるとき、〈無垢〉なる子供たちの秩序が、〈汚い〉大人たちのそれを批判する準拠点として参照される。その後、社会の中に定着し、増幅されていくこうしたロマン主義的な社会批判の方法の実践という点でも、後藤はおそらく先駆的であったのではないか。

無論、その帰結は時に、悲惨なものでもありえた。一九三一年の満洲事変に際しては、現地のスカウトも動員された。ヒトラー・ユーゲントとの提携も様々な形で模索された。ただ、そうした動きは一九二九年に世を去った後藤の視野に入ることはもはやなかった。

註

（1）英国のボーイスカウトが十一—十六歳層の青年を主な構成員とするのに対し、後述するような既存の青年会との関係で「少年団」として組織されることになった日本のボーイスカウト組織は、義務教育年齢層を中心に組織されることになった。田中治彦『ボーイスカウト——二〇世紀青少年運動の原型』中公新書、一九九五年、九九—一〇二頁。

（2）鶴見祐輔、一海知義校訂『正伝　後藤新平8』藤原書店、二〇〇六年、五一一頁。

（3）後藤のボーイスカウト活動を扱った研究として中島純「後藤新平とボーイスカウト」御厨貴編『時代の先覚者・後藤新平1857—1929』藤原書店、二〇〇四年参照。

（4）後藤新平『政治の倫理化』小路田泰直監修『史料集　公と私の構造——日本における公共を考えるために　第4巻　後藤新平と帝国と自治』ゆまに書房、二〇〇三年、七二一頁。

（5）同前、六二〇頁。

（6）後藤新平「少年団教育　政治倫理化に就て」『後藤新平文書』雄松堂書店、二〇〇九年（R66—24：15—40）。澤田謙『後藤新平伝』（大日本雄弁会講談社、一九四四年、三〇四頁）の記述もこれを裏付ける。

（7）この運動の思想的意味について正面から取り上げた研究としては苅部直「帝国の倫理——後藤新平における理想主義」『秩序の夢——政治思想論集』筑摩書房、二〇一三年、一五八—一七一頁。

（8）田中治彦、前掲『ボーイスカウト』二五—四〇頁。また上平泰博・田中治彦・中島純『少年団の歴史——戦前のボーイスカウト・学校少年団』萌文社、一九九六年、二〇—三二頁。

(9)上平泰博・田中治彦・中島純、前掲『少年団の歴史』一―一七、三三―四三頁。
(10)宮地正人『日露戦後政治史の研究――帝国主義形成期の都市と農村』東京大学出版会、一九七三年。
(11)田中義一伝記刊行会編『田中義一伝記』上巻、原書房、一九八一年、五九三―五九四頁。
(12)以下、引用は小川利夫・寺崎昌男監修『近代日本青年期教育叢書　第Ⅲ期　青少年団・青年組織論　第六巻』一九九一年、日本図書センター所収の版による。同書は全国の小学校、在郷軍人会分会、青年団に配布され、その総数は七十万部に達したという。田中義一伝記刊行会編、前掲『田中義一伝記』上巻、六〇一頁。
(13)田中義一『社会的国民教育――一名青年義勇団』博文館、一九一五年、一二頁。
(14)同前、一〇七―一一〇頁。
(15)同前、一一九頁。
(16)同前、一二三―一二四頁。
(17)例えば、「青年団」構想も、「義務教育―青年団―在郷軍人会、という組織系列を作り、以て全国民をすべて組織の中に組み入れてしまおうというのが、その主眼」とされる。田中義一伝記刊行会編、前掲『田中義一伝記』上巻、六〇三頁。
(18)田中義一、前掲『社会的国民教育』一一三―一一四頁。
(19)「六週間現役兵制」という「特典」と、在郷軍人会における軍事教育との関連については加藤陽子「政友会における「変化の制度化」――田中義一の方法」三谷博・有馬学編『近代日本の政治構造』(一九九三年、吉川弘文館)を参照。吉野作造を軸にして、政治を大衆化する大隈とパラレルに、田中における「軍の大衆化」構想を捉えたブリリアントな小論である。
(20)田中義一伝記刊行会編、前掲『田中義一伝記』上巻、六〇三頁。
(21)ただし、「十三四歳以下十一二歳位迄の者」については「幼年義勇軍」が想定されているようである。田中義一、前掲『社会的国民教育』一三二、一三五頁。
(22)同前、一四六―一四八頁。
(23)深尾韶『少年軍団教範』中央報徳会、一九一五年、一―二頁。
(24)市原正恵「もうひとりの明治社会主義者――深尾韶の生涯」『思想の科学』第七五号、一九七七年五月号、八四頁。
(25)深尾韶、前掲『少年軍団教範』四四五―四四六頁。
(26)同前、三九三―三九八頁。

(27) 市原正恵、前掲「もうひとりの明治社会主義者」八八―八九頁。『光』第一巻第二三、二四、二五、二七、二八、二九、三〇号、一九〇六年十月五日、十五日、二十五日、十一月十五日、二十五日、十二月五日、十五日。「あきらめ帝国」と称される資本家に支配された社会からの脱出譚である。
(28) 深尾韶、前掲『少年軍団教範』三九七―三九八頁。
(29) 同前、三七六頁。
(30) 同前、三七三―三七四頁。
(31) 後藤の「自治団」構想とその意義については季武嘉也『大正期の政治構造』吉川弘文館、一九九八年、二二八―二三七頁参照。「青年会」との協力が予定されていたこと、また後藤がこの組織を選挙に活用しようとしていたこと、「政治の倫理化」運動との類似性についても言及がある。
(32) 市原正恵、前掲「もうひとりの明治社会主義者」九四頁。
(33) 上平泰博・田中治彦・中島純、前掲『少年団の歴史』一三〇頁。
(34) 二荒芳徳については上平泰博「戦時体制下の少年団」上平泰博・田中治彦・中島純、前掲『少年団の歴史』参照。
(35) 『少年団研究』第三巻第一号、一九二六年一月。
(36) 同前。
(37) 同前。
(38) 筧のこうした側面については石川健治「権力とグラフィクス」長谷部恭男・中島徹編『憲法の理論を求めて――奥平憲法学の継承と展開』日本評論社、二〇〇九年参照。
(39) 「万歳」が明治の新出来であるという筧の指摘は事実の問題としては全く正しい。三上参次「外山正一先生小伝」外山正一『丶山存稿』後編、丸善、一九〇九年、四九頁。外山正一「改むべき或礼式」三七二―三七九頁。和田信二郎『君が代と万歳』光風館書店、一九三二年、二〇四―二一一頁。牧原憲夫「万歳の誕生」『思想』第八四五号、岩波書店、一九九四年十一月。
(40) 筧克彦編『かみあそびやまとばたらき』蘆田書店、一九二四年、四〇二―四〇三頁。
(41) 二荒空山『非教育者の教育論』(第三版)、蘆田書店、一九二五年、一〇七頁。
(42) 同前、一三八―一三九頁。
(43) 同前、二―四頁。
(44) 同前、六七―六八頁。

(45) 同前、五五、五七頁。「凡そ国家の官吏が一の命令を発するときは決してこれが私の宣言ではないのである。国家の命令である。官吏は各々その分担に於て国家その者の表現者であ」(一四八頁)るという思想が盛られているこの脚本は、無論、筧流の「国家機関説」の(否、そもそも「国家機関説」一般の)忠実な「表現」と言うことができよう。

(46) 後藤新平「弥栄と篝火のまどゐ」『少年団研究』第三巻第二号、一九二六年二月。

(47) 同前。

(48) 苅部直「「社会の発見」とその影──シンポジウム雑感」『日本思想史学』第三五号、二〇〇三年、二四─二五頁。丸山眞男「近代日本の思想と文学──一つのケース・スタディとして」(一九五九年)松澤弘陽・植手通有編『丸山眞男集』第八巻、岩波書店、一九九六年、二六─二七頁。有馬学『日本の近代4「国際化」の中の帝国日本』中央公論新社、一九九九年、第五章。

(49) 例えば小林道彦は、桂の新党構想が、陸海軍大臣現役武官制等の画期的政策を掲げつつも、「閥族打破」のスローガンの前に破れることになった理由について、「問われているのが政策ではなく、自らの権力の正当性であること」に対する桂の鈍感さを指摘している。桂の感性の圏外にあったこのような事態がまさに、「社会」の噴出という統治のゲームをめぐる根本的な条件の変化であったと思われる。小林道彦『桂太郎──予が生命は政治である』ミネルヴァ書房、二〇〇六年、二八九頁。

(50) 清水幾太郎『婦人公論』一九五四年七月号。

(51) 清水も、「日本では天譴は広く国民の上に下され、天皇は天譴の外に立たされ、ひとり天譴を蒙った国民が天皇の宸襟を悩ませたことに恐懼する立場に立っている」と指摘する。清水幾太郎「日本人の自然観」『清水幾太郎著作集』第一一巻、講談社、一九九三年、一九〇頁。尾原宏之『大正大震災』白水社、二〇一二年、第一章。また朱子学における「天譴」の意味については小島毅『宋学の形成と展開』創文社、一九九九年、五二─五四頁参照。

(52) 小路田泰直監修、前掲『史料集　公と私の構造──日本における公共を考えるために　第4巻』一三六─一三七頁。

(53) 河野有理『田口卯吉の夢』慶應義塾大学出版会、二〇一三年、二一七─二一八頁。

(54) 飯田泰三「ナショナルデモクラットと「社会の発見」」『批判精神の航跡──近代日本精神史の一稜線』筑摩書房、一九九七年、一六〇─一七六頁。

(55) 同前。および吉野作造「ヘーゲルの法律哲学の基礎」松尾尊兊・三谷太一郎・飯田泰三編『吉野作造選集』第一巻、岩波書店、一九九五年、七六頁。
(56) 三谷太一郎『新版大正デモクラシー論――吉野作造の時代』東京大学出版会、一九九五年、二頁。
(57) G. W. F. Hegel, *Grundlinien der Philosophie des Rechts oder Naturrecht und Staatswissenschaft im Grundrisse* (1824/25), §182-256. ヘーゲルの「市民社会」の理解と、その思想史的意義についてはマンフレート・リーデル『市民社会の概念史』河上倫逸・常俊宗三郎編訳、以文社、一九九〇年参照。
(58) シュタインやグナイストの明治日本への影響については瀧井一博『文明史のなかの明治憲法――この国のかたちと西洋体験』講談社選書メチエ、二〇〇三年参照。瀧井によれば、シュタインにとって国家とは、「行政による媒介を通じて外界との絶えざる相互作用」を営む「進化論」的な「有機体」であった(一二〇頁)。
(59) 後藤新平『衛生制度論』瀧澤利行編『近代日本養生論・衛生論集成』第八巻、大空社、一九九二年、四三頁。
(60) 同前、四四頁。
(61) 同前、一八九―一九〇頁。
(62) 植手通有「『国民之友』・『日本人』」『思想』一九六二年三月号。また伊藤彌彦『維新革命社会と徳富蘇峰』萌書房、二〇一三年、一〇頁。
(63) 竹越与三郎、西田毅校注『新日本史』下巻、岩波文庫、二〇〇五年、一一五―一一七頁。
(64)「自治トハ国民タルモノ国家ノ意思即法律ヲ制定スルニ方テ之ニ参与スルヲ謂フニアラス法律ヲ施行スルニ方テ之ニ参与スルノ権アルヲ謂フナリ」(後藤新平、前掲『衛生制度論』一八七頁)。また、苅部直、前掲「帝国の倫理」一六九頁。ただし、社会契約的な発想とは異なる「自治」ではあっても、飼いならすことが容易であったわけではない。警察がその育成に力を注いだ「自治」体としての「自警団」が、大震災下では、内地在留朝鮮人に対してはもちろん、警察に対してもしばしば暴力を向けたことにつき、宮地忠彦『震災と治安秩序構想――大正デモクラシー期の「善導」主義をめぐって』クレイン、二〇一二年、一九四頁。
(65) 季武嘉也は、大正期の「挙国一致」を目指す政策志向を、「中央―地方を結ぶ人的ネットワーク」を活用する「介在型挙国一致」と、「政治によって築かれた組織、あるいは制度」を重視する「直結型挙国一致」とに区別したうえで、後藤を後者に位置付ける。「国家」の「社会」への介入に懐疑的で、「政党」という人的組織を用いた問題解決を志向する前者に対し、「政治の優位性」を認め、「「政治と社会」の融合」を志向するという点に特色を持つという後者の延長線上に、少年団と「政治の倫理化」とを置くことはあながち見当外れではあるまい(季武嘉也、前掲『大正期の政治構造』一二三頁)。北岡伸一は、外交家としての後藤の特徴を「国際関係における対立の契機よりも統合の契機に着目したこと」に求めた。それは「一見して対立関係にあるものの中に共通の利益を発見し、それを組織することによってこの対立関係を新たな統合関係に止揚していこうとする発想」である（北岡伸一『後藤新平――外交とヴィジョン』中公新書、一九八八年、二三〇頁）。これを受けて酒井哲哉は、この「統合の契機」を重視する後藤の発想を、国内問題を含めた彼の一般的な政治秩序観にも読み込もうとしている。また、そのような「統合の契機」の重視という発想が、「思想史的文脈」においては「社会有機体」論と結びつき得ることを指摘した（酒井哲哉「後藤新平論の現在――帝国秩序と国際秩序」『環』二〇〇二年冬季号、三五二頁）。本書は、「社会」という概念の、後藤における独特の位相と「少年団」という特異な「自治」体との関係を詳しく検討することで、これらの議論に対するやや長く込み入った補注という位置を担い得るかも知れない。

(66) 後藤を、「人を組織し、協同・対立の不定な状況をぬって集団勢力を拡張してゆく意味」での「政治企業家」ではなく、「政治権力によって官職として経営権能を与えられ、国家利益のために象徴を資本化していく意味」での「政治企業家」と捉える前田康博「後藤新平」（神島二郎編『権力の思想』現代日本思想大系10、筑摩書房、一九六五年）の視点は今なお有効であろう。さらに前田は、「対立を政治の根本相」と見るのではなく「統合を政治の実相」と見る後藤が、それゆえに、ある種の全体主義の先駆的存在であったと見る。併せて傾聴すべき指摘であろう。

(67) 田中治彦『少年団運動の成立と展開――英国ボーイスカウトから学校少年団まで』九州大学出版会、一九九九年、一八七―一九三頁。

(68) 同前、一九〇―一九一頁。

(69) 飯田泰三・山嶺健二編『長谷川如是閑評論集』岩波文庫、一九八九年、一八頁。

(70) 同前、二一六―二一七頁。

Ⅲ　〈正統と異端〉を越えて

第六章　「社稷」の日本史——権藤成卿と〈偽史〉の政治学

一　はじめに

『南淵書』

一九二二（大正十一）年七月十二日付の『東京朝日新聞』朝刊の五面を開く。すると、紙面右上に三段抜きで配された「政道の秘書を献上す　一条公の手を経て摂政宮へ　老儒が命懸で考証した民本主義の経典」という見出しが、まずは目に飛び込んでくるはずである。「隠れたる漢学者権藤善太郎翁」の家に伝来する、南淵請安の手になる史書『南淵書』が、一条実輝の仲介により摂政宮（後の昭和天皇）に献上された。記事はそのように伝える。見出しのうち、「政道の秘書」はともかくも「民本主義の経典」とは、その後、権藤に纏わりつくことになったイメージからするといささか的外れなようではある。だがこれは、記事中の権藤自身のものとされる談話「その内容は極端な社稷本位式政道を主張して居る、今の言葉で言えば民本主義である」に、そのまま拠ったものである。

同年の十一月十三日、今度は『読売新聞』朝刊の七面にも、「南淵書開版」と題した一段の記事が掲載される。「月曜付録」という紙面の位置と前後の記事の性質から判断するに、出版社側の口上をそのまま掲載

1922年7月12日付『東京朝日新聞』朝刊5面

したものとも思われるこちらの記事は、「民本主義」に引きつける先の『朝日新聞』の記事とは対照的に、「『古事記』よりも」更に百年ほど前の著述が大正の今日初めて翻刻されたと云うのは、何といってもわが古文書界未曽有の驚嘆すべき記録であらねばならぬ」として、『南淵書』の古さとその翻刻の画期性を強調する。さらに、南淵請安を「当時の謂わば杉浦重剛翁」に喩え、「中大兄皇子は古今を震駭させ給うた不世出の摂政宮であらせられる」として、即位したばかりの時の摂政（後の昭和天皇）を、請安の教えに従い大化の改新を断行した中大兄皇子に、なぞらえて見せている。

両紙のその後を追ってみても、関係する後続記事はもちろんこれといった反響を見出すことはできない。一八六八（明治元）年、久留米に生まれた権藤はこの時すでに五十五歳。黒龍会の活動に深く関与し、中国革命同盟会や一進会を通し東アジアの知識人とも浅からぬ交流を持ち、老荘会にも関わりを持つなど、一部の人々にはすでにその名が知られていたものの、記者が「隠れたる漢学者」（『朝日』前掲）と冠せざるを得ないほどに一般的には低かったのであろう権藤の知名度が、これらの記事により一挙に向上したという気配はない。上表の日付を信じるなら実際に献上されたのは五月のことであり、なぜ二カ月後に突如報道がなされることになったのか。また、こうした行動に出た背景にいかなる動機や意図が存在したのか。権藤側の資料にあたって見ても判然とはしない。[1] とはいえ、上記二つの記事のみからも、「民本主義の経典」と、摂政を擁した「大化の改新」（錦旗革命？）の書と、必ずしも折り合いのよいとは言えない複数の観点が、権藤の思想と行動の解釈として見られることを、さしあたり確認することができるだろう。

五・一五事件

権藤の名が一挙に人口に膾炙することになるのはそれから十年後、一九三二（昭和七）年二月三月そして五月に立て続けに起きたいわゆる血盟団事件および五・一五事件をめぐる報道においてであった。政党政治家や財閥トップの暗殺、そして現役軍人による首相官邸、重臣邸宅、政党本部、警視庁等の襲撃という耳目をそばだてる一連の事件の背後に暗躍する「黒幕」として、北一輝、大川周明、橘孝三郎等とともにその名が紙面に踊ったのである。事件をめぐる裁判において、権藤による直接の教唆の証拠は明らかにならず、その「思想的影響力」についても、少なくとも「黒幕」というにふさわしい影響力を行使したことはなかったというのが事の真相のようである。(2) だが、例えば、翌年七月に審理が開始された陸軍の軍法会議の模様を伝える記事中、「熱した口調で現代政党財閥の腐敗を長々と攻撃」した後藤映範元士官候補生の陳述に出る権藤の名前は、読者にも強烈な印象を植えつけたことであろう。

島〔島田法務官〕：さういふ認識はどんな所から出たか。
後〔後藤〕：主として書物からです。北一輝の『日本改造法案』権藤成卿の『自治民範』徳福蘇峰氏著『吉田松陰』頭山満翁講評『大西郷遺訓』等の著書をあげ其思想的影響をのべ『私はそれ以外何等の宗教も何等の哲学も持つてはゐません』と答える。

（『東京朝日新聞』一九三三年七月二十六日付夕刊一面）

一連の事件は、論壇における「権藤思想」の需要を喚起した。上記の『自治民範』――『南淵書』を含む「家書を採択」して著されたという権藤の主著――は版を重ねた。事件の年の六月号『改造』と『中央公論』

はそれぞれ権藤の論説（「農村自制論」と「成俗の漸化と立制の起源」）を掲載した。さらには、『文藝春秋』でも、権藤の他に北原竜雄、岩田富美夫、直木三十五や菊池寛を出席者として開催された座談会記事が掲載された（「刻下愛国運動の真相」同年十二月号）。これらを受けて翌一九三三年にかけて、後述するように、様々な論者が様々な角度から権藤思想を——多くは批判的な論調で——語った。この時期の論壇の中心的なテーマはファッショや日本主義であり、権藤思想はその焦点の一つとして急浮上したのである。

偽書

こうした中で、かつて権藤が上梓した『南淵書』にも——しかしやや思いがけない形で——再び注目が集まることになった。一九三三（昭和八）年二月十一日付の『東京日日新聞』が、「権藤氏の「南淵書」学界に一と波紋」と題した三段抜きの見出しに写真入りで、『南淵書』の偽書疑惑を報じたのである。事の発端は、東京大学文学部国史学科の学生が、主任教授であった黒板勝美に『南淵書』中の「永楽大王の碑文」（広開土王碑文）について質問したことであった。残闕のある拓本のみが流布していた広開土王碑文について、『南淵書』にはなんとその残闕を補う全文が掲載されていたのである。この点の真偽を尋ねた学生に対し、黒板は「南淵書にある永楽大王の碑文は現代までの学界の研究によっては十分信用できるものとは断言出来ない」（同記事中の談話）と返答したことから、「センセイション」が巻き起こったのである。

当然、これは『南淵書』の史書としての信頼性に関わる問題であった。雑誌『歴史公論』は、直ちに同年四月号で権藤の釈明を掲載（「南淵書がどうして私の家に伝はつたか」）。しかし、同五月号では「問題の南淵書批判」と題した特集が組まれた。そこでの批判の要点は以下の三点にまとめることができる。第一は、語彙の問題である。『南淵書』中の固有名詞や漢語に明らかに後世のものと思われるものが散見された。第二に、形式の問題である。『南淵書』は跋文を載せるが、「跋」という形式は『南淵書』が著されたと称する時期には存在していないと指摘された。また、奥書を執筆した人物の官職の記載に誤りがあった。第三に、字数の問題である。『南淵書』には「碑高二丈、南面聳立、四面刻字、通計壱千七百五十玖〔一七五九〕字、往々有苔蝕難読者、古璞可撫、臣低徊其下、細抄写其文」とあり、南淵自ら碑文を筆写したと取れる表現がある。南淵請安の渡航当時、広開土王碑の出土した地域を経由して帰国することは考えにくいので、自ら筆写というのはさすがに無理があり、また仮に自ら筆写したとすると、字数が不自然であった。というのも、ここに言う一七五九字は一八八四（明治十七）年、参謀本部の酒匂景信中尉（当時）がもたらした拓本の（残闕分を含む）字数と一致するが、一九一三（大正二）年に関野貞の新たな調査によって、総字数は一八〇二字になることが判明していたのである[3]（なお、一連の調査には黒板も参加していた）。

あげられたこれらの疑問点について権藤がこたえた形跡は見られない。権藤は、「之を単なる偽書として見るといふならば之は偽書たる立証の必要がある」などとして、立証の責任が批判者側にあると繰り返し主張したが、この場合、挙証責任は原本を保有する権藤にあると考えるのが筋であろう。しかもこの弁明の過程では、『南淵書』が最古の文献であるとする当初のふれこみも徐々に後退した。もちろん明治期の（つまり本人による）改竄こそ否定するものの、後世の資料が混入している可能性については言葉を濁すようになった。いずれにせよ、権藤が「家蔵」の原本の公開を拒否した以上、その主張の妥当性は検証しようがなかった。

この疑惑が報じられるのと時を同じくして、権藤は表舞台からは姿を消す。以前から支援していた農民運動には引き続き関わり続けたものの、論説を発表する場は基本的に弟子の発行する同人誌のみとなった。あれほど喧しかった「権藤思想」をめぐる議論も沈静化に向かった。四年後の一九三七年、権藤が没してもその扱いは総じて小さく、例えば『東京朝日新聞』も、「五・一五、血盟団事件等において思想的蔭の人」(一九三七年七月十日付朝刊十一面)と短く伝えるにとどまった。やはり疑惑の影響が少なからずあったのだろう。

少なくとも専門家に対しては公平にアクセス可能な形で資料が保存され整理され公開されること。そうした資料に基づき、学問共同体において一定程度共有され、客観的に検証可能な解釈によって叙述が構成されること。学問的に〈正しい歴史〉(いわば手続き的「正史」)の最低限の条件がそのようなものであるとするならば、『南淵書』やその他権藤家に家伝する「史書」は、偽書であり偽史であると言える。そうした偽史に依拠した「権藤思想」の価値を云々する必要はそもそもない、という考え方は当然にあり得よう。そのように考えた人が同時代にもいたからこそ一時期の権藤ブームは、下火になったのであろう。

言うまでもなく、偽史はそれが指し示すとされる時代を解明することには役に立たない。だが、その偽史それ自体が作られ流通した時代を解明するためには重要な手掛かりとなる。そして、社会的に共有されることを意図したfictionや妄想は、それがいかに荒唐無稽なものであれ、政治思想史にとっては重要な対象である。さらに、そうしたfictionがなぜしばしば「歴史」という特定の形式を取るのかは、史学思想史上の興味深い主題であろう。もちろん、これらの理由は「偽書」「偽史」一般について言えることであって、特に権藤についてこうしたアプローチから研究を進めることの有効性を論証するものではない。そこで、以下先行研究を振り返ることで、この点をもう少し考えてみることにしたい。

二　その位置付けをめぐって

超「国家」主義・「超国家」主義・日本主義的教養

五・一五事件後の論壇において、権藤思想について様々な議論が提出されたことは、すでに述べた。その特徴は、マルクス主義にシンパシーを持つ当時のいわゆる左翼陣営（向坂逸郎、山川均）だけではなく、日本主義者や国家社会主義者といった右翼陣営（蓑田胸喜、林癸未夫）も権藤に否定的な態度を示したということだろう。向坂や山川は、「農村の危機」という時代認識を権藤と共有するとしつつも、権藤思想の「空想性」「非科学性」「非歴史〔むろん科学的なそれ〕性」を攻撃した。[4]「農村の危機」は資本主義がもたらす歴史の必然であり、必要なのは太古の「自治」や「社稷」の復古ではなく、歴史のさらなる「進歩」（革命）である、というのである。これに対し、右翼陣営が攻撃したのは専ら権藤思想の非日本的性格（＝「支那」性）であり、統制に反対する「無政府」的傾向であった。[5]

左右から攻撃されたことは、それに対する権藤の韜晦した姿勢とも相まって、権藤思想の位置付けを難しいものにした。しかも、仲間内での次のような発言は、様々なレッテルが貼られ、その「どれでもあり、どれでもない」という形で自らの思想を神秘化することを、権藤自身が半ば意図していたのではないかとも思わせる。

私と云ふ人間は世間から色々に見られ、漢学者だとか皇典学者だとか、社会主義者だとか、ファッショだとか、最近は又、林癸未夫博士から無政府主義者にまでされて終いましたが、併し夫等の主義学説に対しては私は何れも否定しようとは思ひません。

（「信州に於ける座談会」『権藤成卿著作集』第三巻、黒色戦線社、一九七二年、一六五頁。以下本著作集からの引用は、『著書名』『著作集』巻数、頁数と表記し、初出以後は巻数を省略）

とはいえ、例えば治安当局者にとっては、権藤の位置付けは明快だった。それは「右翼」的な「ファッショ」「国家主義」であり「日本主義」であった。具体的な政治勢力としては農村運動と結びついていると目されてもいた。例えば内務省警保局による『出版警察資料』第四輯「ファッシズムの理論」（一九三二年）には、権藤の名は第三章「ファッシズム諸団体の主張」中の（イ）「日本主義」政治団体の（七）日本村治派同盟の項目に見え、その「指導精神」は「農村自治主義」とされている。[6]

戦後の思想史研究は、主に具体的な運動との結びつきに着目した治安当局者によるこうした規定を、ある意味では素直に引き継いだ。丸山眞男「日本ファシズムの思想と運動」（一九四八年）は、「日本のファシズム・イデオロギー」の特徴として、(1)家族主義的傾向、(2)農本主義的傾向、(3)アジア主義的傾向の三点をあげている。丸山がとりわけ強調するのが(2)農本主義的傾向であり、その分析の俎上にのせられたのが橘孝三郎や権藤らの農本主義者たち、なかでも権藤はその中心であった。「純粋に中央集権的な国家統制を徹底」しようとした北一輝ではなく、「反官的、反都市的、反大工業的傾向」「一種の「農本無政府主義」的色彩」を帯びた権藤の思想に焦点を合わせようとする丸山の姿勢は、「世界的にファシズムの通有傾向」であるところの「強力な権力の集中と国家統制の強化への志向」が、「農本イデオロギー」によって極端な「屈折」を加えられた点に、「日本のファシズム・イデオロギー」の特質を把握しようとする論文全体の結構と対応していた。また、そうした姿勢は、「責任の主体」ではなく「無責任の体系」に着目する「超国家主義」論とも、「政治的統合」ではなく「政治力の多元的併存」を見出すその「軍国主義」論とも、当然に照応していることは見易いだろう。(7)

ドイツやイタリアのいわば〈本場のファシズム〉を理念型とし、その偏差において「日本のファシズム」の把握を試み、結果として「日本のファシズム」の「矮小性」を高唱することになった丸山のファシズム論にはその後批判が百出したが、その詳細を検討することは本章の課題ではない。本章の視点からして重要なことは、丸山に対抗して出された戦間・戦前期思潮の分析が、他の点はともかくもこと権藤の解釈について言えば、その適切な枠組みを用意し得なかったという点である。

例えば、橋川文三の一連の「超国家」主義論である。理念型であるドイツ・イタリアとのいわば共時的比較に傾注した丸山のファシズム＝超「国家」主義論が、明治から昭和にかけての日本のナショナリズムの通時的な質的変化を十分に捉えきれていないことを指摘した橋川は、それを「超国家」主義として把握しようとする。極端な国家主義（超「国家主義」、この場合の超は extreme の意）ではなく、国家を超克しようとする構想、さらに進んでは「現状のトータルな変革をめざした革命運動」として理解される「超国家」主義（ここでの超は over の意）。その中心的な担い手は、次のような人々とされた。(8)

私は日本の超国家主義は、朝日・中岡・小沼（正）といった青年たちを原初的な形態とし、北一輝（別の意味では石原莞爾）において正統な完成形態に到達するものと考え、井上日召、橘孝三郎らはその一種中間的な形象とみなしている。その基準は何といえば、明治的な伝統国家主義からの超越・飛翔の水準がその一つであり、もう一つは、伝統破壊の原動力としての、カリスマ的能力の大小ということである。(9)

神秘主義と政治的暗殺をメルクマールとする橋川の「超国家」主義は、かくしてその焦点を北一輝において結ぶ。橋孝三郎や権藤は、せいぜい「中間的な形象」、あるいは「「農本主義」という限定詞を付けられる超国家主義」であり、「ただ運動面において、いわゆる日本ファシズムの一渦紋を形成した」にすぎないとされ、後景に退くことになるのである。

橋川以降の戦間期思潮研究を牽引したのは、「日本ファシズム」の担い手としての丸山のいわゆる「亜インテリ」論を批判的媒介としつつ開拓された「日本主義的教養」論であると思われる。それは、(丸山が前提としていた)「岩波文化」(教養主義)対「講談社文化」(修養主義)という対立図式と、「亜インテリ」の予備軍とされる後者を非難することで前者を免罪しようとするかのような態度を批判し、むしろ両者の補完的関係に着目しようとするものであった。その上で、前者の頂点としてのマルクス主義的教養が弾圧を受けて退潮していく中で、後者のいわば「日本主義的教養」がその空白を埋め、広く「読書人公共圏の入場券」として機能するに至る時代として、戦間期および戦争期の思潮を描くことに成功した。(10)この見方も、だが管見の限りでは、権藤について触れることは多くない。無論、思想内容よりもその担い手の社会学的位置に定位するこうしたアプローチは、異なった思想圏に属することが一読して明らかな、例えば権藤と橘孝三郎の関係について、ひとしなみに「農本主義者」として扱う丸山や、曖昧に「世代」の差に還元する橋川に対して、その「教養」背景の差に着目する必要を示唆する点では有用と思われる。しかし他方で、世代や教養背景を異にする権藤と橘が、それではなぜ「農本主義」という括りが説得力を持ち得るほどに互いに共鳴し得たのかという問いに対する答えは、このアプローチそれ自体からは出てこないだろう。また、「日本主義的教養」論においてその焦点は、例えば蓑田胸喜に合わされるのであるが、上記図式は蓑田が例えば美濃部達吉らのいわゆる「リベラル」な帝大教授を攻撃することを適切に説明するものの、その矛先が権藤や安岡正篤のような同じ「日本主義」陣営に属すると目された知識人にも向かったことをあまりうまく説明できていない。

丸山と橋川、両者の立場の止揚を目指す片山杜秀『近代日本の右翼思想』は、北の「ユートピア的志向」を「動の極」、権藤のそれを「静の極」と位置付け両者の統一的な把握の試みを提示している。だが、その行論の過程で具体的に検討されるのは、(1)安岡正篤、(2)伊福部隆彦、俗流西田哲学と長谷川如是閑のプラグマティズム、(3)三井甲之の日本的身体論などであり、権藤との直接的関係は薄い。(3)身体論的な契機は、戦間戦前期思潮を考えるにあたり重要な視点であると思われるが、権藤成卿にはこうした要素はほとんど見当たらない。ブッキシュな教養体系を有するという意味では、(1)の安岡正篤と共通するようであるが、「自我」の問題についてほとんど論じない権藤には、片山が安岡について指摘するような大正教養主義との「相互乗り入れ」可能性はほぼないように思われる。[11]

文献学主義——ファシズムと歴史意識

このようにして見てくれれば、やはり橋川の影響下に出発しつつ、もっぱら一次資料の発掘と権藤の思想世界の再構成に専心した滝沢誠『権藤成卿覚え書』（一九六八年）、同『権藤成卿―その人と思想―』（一九七一年）の圧倒的成功の一方で、同時代思潮の中に権藤を位置付けようとする試みは、上記のごとくいまだ適切な参照枠組みを見出していないと言える。その後の研究の進展に比してやや意外なことに、丸山の超「国家主義」という視角が結局のところ最も権藤の焦点化に成功しているとさえ言い得る。だがその丸山の図式も、「本場のファシズム」という理念型の妥当性如何の問題とともに、すでに述べたように、権藤と橘孝三郎との差異を検出できないという問題が存する。

そこでもう一度、一九三〇年代当時の論壇に立ち返って考えなおしてみよう。権藤の言論に接した論者が当時一様に注目したのは、その思想内容以上に思想の方法であった。彼の思想が基本的に歴史の形で表明されている、しかもその表明の仕方に、特異な点があるということであった。

例えば土田杏村（「権藤成卿氏の所論」『現代思想批判』一九三五年）である。土田は、権藤成卿の思想を批判するにあたり、その方法、つまり「テキスト・クリティク」を問題にする。それは当然、資料の真贋の問題に関わる。だが、それだけではない。権藤の議論は「記紀の如き」「正しい国史資料」に拠っているぶんには問題がないのか。そうではない。テクスト自体の真贋の問題に加えて、「氏はその記載文言の上に加へるべき批判的態度に於いて足らないところがある」と土田は指摘する。「漢文のむづかしい文言をそのままに信じて取り、その漢文のままで深い意味を探ろうとしてゐる」というのである。[12] テクストの真贋の問題と並んで、あるいはそれ以上に「記載文言」それ自体に対する「批判的態度」――その意味での「テクスト・クリティク」――の欠如が問題なのである。そしてこの点こそが、「国民意識の道義性を註釈学的に講義したもの」「歴史研究であるといふよりは寧ろ史書を借りた政治道徳の考察」といった権藤の議論のいわば方法的前提になっている、[13]と土田は指摘する。

さらには戸坂潤（『日本イデオロギー論』一九三五年）である。「現在のアクチュアリティーに向って古典を無批判的に適用することの罪」は戸坂潤によれば、権藤を「最も良い例」としつつ、しかも権藤一人にはとどまらない適用範囲を有しているという。「文献学的意義しか持たない古典を持ち出し、之に基いた勝手な結論で以て現実の実際問題を解決出来るという、故意の又は無意識の想定」が、同時代の「日本主義」的な論者に共有されている、と戸坂は見る。別の言い方をすれば戸坂は、当時瀰漫する「日本主義」の潮流の哲学的コアにこのような「文献学の無組織的適用」を見出すのである。種々多彩な体裁を取る「日本主義」は、その内容よりもむしろその方法において共通点を持っている。戸坂はこの「文献学の無組織的適用」を「文献学主義」と名付け、次のように言う。

> さて文献学主義が愈々日本主義の完全な用具となるのは、之が国史〔傍点原文、以下同じ〕に適用される時なのである。元来漫然と日本主義と呼ばれるものには、無数の種類が含まれている……だが、プロパーな意味での日本主義は「国史」の日本主義的「認識」に立脚しているのである。日本精神主義、日本農本主義、更に日本アジア主義〔日本はアジアの盟主であるという主義〕さえが「国史的」日本主義の内容である。[14]

「日本主義」は、ヨーロッパの「色々のニュアンスを持った全体主義的社会理論」や「ファシズム哲学」といった「外来思想」をその粉飾として用いてはいる。だが、それらを真に受けていては決して辻褄の合った説明を与えることができない。「日本主義」のために必要な哲学的方法は、「ヨーロッパ的全体主義の範疇論や何かではなくて、正に例の文献学主義以外のものではなかった」。

無論、「日本主義は日本型の一種のファシズム」であり、その意味では国際的な契機を有している。だが、その国際性も、上記のごとく「全体主義的社会理論」などではなく、同時代のヨーロッパで隆盛を極めつつあったシュライエルマッハーからディルタイを経てハイデガーに至る系譜の中で練り上げられた「文献学的・解釈学的・哲学」(「文献学」的哲学、文献学主義の言い換えである)によって、担保されている。この「文献学主義」こそが、自由主義が復古主義さらには「日本型のファシズム」へとメタモルフォーゼをとげる際の触媒として機能している。「日本主義」の瀰漫を許す日本の言論空間に、いわばその培養器として薄く広く広がる「文献学主義」。その端的な例が権藤なのであり、その先に最大の敵として見出されるのは和辻哲郎である。

権藤は時局への直接的提言をほとんど行わずに、専ら歴史の叙述につとめた。その著作は多くが史書の体裁を取っている。権藤は自らの構想を歴史というナラティヴの形式において――しかも戸坂が「文献学主義」と呼ぶような方法において――表出することに執拗にこだわったのである。土田や戸坂が鋭く指摘していた権藤思想のスタイルのこうした特徴とその同時代性について、権藤の思想の「内容」の分析と類型化に腐心してきた戦後の研究は、見逃しがちであったように思われる。[15] 権藤の思想を「偽史」という観点から研究する所以である。

権藤は歴史を描き、橘は、少なくとも戦前期においては、歴史を描かない。それが両者の決定的な違いである。両者の同一性と差異は、〈歴史を描く人〉と〈描かれた歴史を利用する人〉という図式によって、説明できよう。われわれはここに至ってようやく、権藤がどのような歴史を描いたのかを論ずる準備ができたようである。

三 「社稷」の日本史

そのスタイル——「正史」

権藤の著作のスタイルは、一九二七(昭和二)年に刊行された『自治民範』でほぼ完成していると言ってよい。『自治民範』は大きく二つに分かれ、前篇部分は「沿革」の記述、後篇部分は「例制」の説明に当てられる(ただし、この後篇部分は『皇民自治本義』として一九一九年にすでに出版されていた)。前半の「沿革」はいわば彼の「国史」叙述に相当する。それに対する後半の「例制」は、一見すると理論的なパートの趣を呈してはいるが、実際の中身は衣食住や租税や芸能といった各論的事項に関するテーマ別の歴史叙述である。この国史を前篇にテーマ史を後篇に配した、『自治民範』と同様の構成で書かれた著作としては他に『自治民政理』(一九三六年刊行)がある。国史の部分だけ抜き出した著作としては『君民共治論』(一九三二年刊行)、『日本農制史談』(一九三一年刊行)が、テーマ別の歴史叙述に特化した著作としては『農村自救論』(一九三六年刊行)がある。これらはそれぞれに内容的に大きな差はない。権藤の著作のほとんどは、つまり、『自治民範』の全部または一部のバリエーションなのである。例外は『南淵書』(一九二二年献上、刊行)、『日本震災凶饉攷』(一九二四年刊行)、『八隣通聘攷』(一九三一年刊行)であるが、『南淵書』は南淵請安の手になることになっているので措くとすると、『八隣通聘攷』は古代史、『日本震災凶饉攷』は題名の通り災害史と見なすことができるもので、やはり歴史叙述を離れない。したがって、権藤の著作のほぼすべては歴史叙述であり、それは『自治民範』とりわけその前半の『沿革』部分を核とするものであると言って差し支えないだろう。

　権藤の歴史叙述の、形式面における最大の特徴は、この「沿革」部分の叙述を「正史」に擬していることである（といっても、紀伝体でも断代史でもないので『漢書』以降の正式のスタイルに則っているわけではない）。『春秋』や『史記』あるいは『大日本史』に倣い、王者の言動を紀年とともに簡潔に記した古典漢文（実際には読み下し文）を経文（本文）とし、それに「案ずるに」で始まる「案文」をその解釈（伝、注、疏など）とする形式を取る。本文に、王者の名称や紀年法という一見些細な形式（「微言」）によって暗示された「大義」が、案文によって解明されるというしつらえなのである。例えば聖徳太子の事績について、「厩戸摂政の元年、四天王寺を難波荒陵に建つ。二年詔して仏教を興隆せしむ、群臣競うて寺院を造築す」と記された経文について、権藤は「本文に推古朝何年と記せずして厩戸摂政何年とある、是は普通の文例ではない。克く心して読まねばならぬ処である。又此叙述中に十七《ママ》憲法が出て居らぬ。是は制度家に於て、十七憲法を律令と見ない為である」（『自治民範』、『著作集』第一巻、五九頁）などと「案」ずる。ここには、正統な王が存在しているにもかかわらず、実権を掌握し、仏教の導入を進める聖徳太子への批判が込められている。権藤はそのようにほのめかすのである。ここで「制度家」とは権藤の自称である。大化の改新を思想的に導いた南淵請安の律令制度に関する著作は、一条兼良を経て、権藤の父祖に伝えられた。この失われた学問が「制度学」であり、権藤家の「家学」である。権藤は以上のように主張し、自らをそうした「制度家」の末裔であると規定する。『自治民範』の「経文」も、権藤家に伝わる複数の「家書」——その一つが中大兄皇子と南淵請安の問答を記した『南淵書』である——から取捨選択して編んだのだ。そのように主張する（ただし、その出典は示されない）。

古典に関して、それまで積み重ねられてきた様々な解釈の層を意識した上で、自らの読みを提示し、そのテクストの整合的な解釈を試みること。そのこと自体は、戸坂潤言う所の「文献学主義」を直ちに導くものではなく、むしろ自らが生きる現在と過去との間の適切な距離感を見出していく上でも、有用な営み——すなわち正しい意味での「テクスト・クリティク」ないしは文献学——となりえたはずである。だが、権藤の場合はその規範的なテクストとして、失われた「制度」や「律令」に関する学知を伝えるという『南淵書』をはじめとする一連の「家伝」の「秘書」を提示し、その独占的な解釈者としてもって自らを任じつつ、それら「秘書」に基づく歴史叙述に『古事記』『日本書紀』にとって代わるべき「正史」としての位置付けを与えようと試みた。戸坂が文献学の「無組織的適用」として問題視する所以であろう。

それでは、権藤の描く「正史」はどのようなものだったのだろうか。それは俗に言う古史古伝や超古代文書などと同様に、一部は神代文字で著されたり、宇宙創成に関わる荒唐無稽なファンタジーを含んだりするのであろうか。そうではなかった。結論から言えば、権藤の描く「正史」に荒唐無稽の要素はほぼ皆無である。権藤の歴史叙述は、古史古伝の類というよりはむしろ、いわゆる手続的な〈正史〉をもって自らを誇る〈官学アカデミズム〉——権藤は「官学派の学者」と呼ぶ——を強く意識しその影響を受けつつも、それに対抗するものとしての在野の歴史学者——「民間学者」と権藤は称する——の自意識を（もちろん、偽書の利用という点である一線は越えているのであるが）引き継いだものとして見るべきである。以下、権藤の描く「正史」の大まかな筋を追っていこう。

「自治」と「封建」

権藤の歴史叙述の中心は大化の改新におかれる。大化の改新を軸としてその前史と後史として日本史を眺めるのである。もっとも、大化の改新は、その前後で劇的な変化が見られるという意味での画期ではない。大化の改新以後が暗黒の歴史というわけでも、それ以前が暗黒の歴史というわけでもない。その意味で、権藤の歴史叙述は進歩史観でも、衰退史観でもない。これは歴史の動力を「自治」と「官治」のせめぎ合いに見出す権藤の史観と連関している。大化の改新の画期性は、第一に「自治」と「官治」との間の闘争の反復として描かれる歴史の中で、大化の改新がその最も典型的なパターンを提供しているという点に、そして第二に、有史以来連綿と存在し続けた「社稷」の「自治」が、南淵請安の学識と中大兄皇子の政治的決断によって、明確に自覚され「制度」化されたという点に存する。

権藤にとって、歴史のもう一つの画期は明治維新である。大化の改新が成功の典型例だとすれば、明治維新は失敗の典型例としての位置付けが与えられる。江戸時代まではまがりなりにも存在した「自治」の遺風が、明治維新なかんずくそれに伴う市町村制の実施により、ほぼ地を払った。それはひとえに明治維新が「欧州模倣政治」に陥ったためである。権藤はそのように考える。明治維新以降のいわば〈現代史〉は、基本的には「官治」が「自治」を圧殺していく歴史として描かれる。以下では、権藤の描いた歴史を大きく、（１）大化の改新まで、（２）大化の改新、（３）大化の改新以後（含明治維新）の三つに分け、それぞれに検討していくことにしよう。

（1）大化の改新まで

大化の改新に至る権藤の歴史叙述についてまず指摘できるのは、その「合理」的性格である。「上代日本史の年代は全く出鱈目である」（『日本農制史談』、『著作集』第二巻、五五頁）とする権藤は、『古事記』や『日本書紀』の記述を文字通り信じる態度を「不可思議観の迷想」（『八隣通聘攷』、『著作集』第五巻、一頁）として強く戒める。『自治民範』と同様に、権藤家に伝わる『南淵書』をはじめとする「家書」をもとにして編まれたとされる古代史『八隣通聘攷』は冒頭、「上代史推究も、神話は必ず之を神話として考へ、其中に信拠すべき脈絡ある点のみを取り、余り好奇的に深入りしない」と宣言する。『古事記』『日本書紀』に対する同書の優位性は、「人間離れのしたことは一切認めない」（『自治民範』三四頁）その記述の姿勢に求められることになる。例えば紀年法である。『八隣通聘攷』には紀元が見られない。『古事記』と『日本書紀』の紀年のずれ、あるいはいわゆる崩年干支の異同も、『八隣通聘攷』の記述に拠れば、発生しない。超人的な寿命を想定したり、神託に付会することなく、合理的な〈国史〉解釈がこれによって可能になったのだ。そう権藤は主張する（無論、「合理」的すぎる記述は、逆に、それが後世の制作にかかることを推測させもしよう）。

神武紀元のいわゆる「皇紀」も当然、権藤の採用するところにはならない。[16] 皇統といういわば縦の連続性にさほど関心を示さない権藤がこだわりを見せるのは「国外史書」、具体的には「漢韓」の史書との符号であり、こうした観点から西暦四八〇年が「此の時より、国史の紀年と漢史韓史と符号することとなる」重要な画期とされる。反対に、これより以前の年代に関して従来の歴史叙述に誤りが多いのは、「従来の学者が国外史書の参訂を解れる結果」（『八隣通聘攷』三一頁）である、と権藤は主張する。つまり、権藤は『古事記』や『日本書紀』に特権的な地位を与えず、「国外史書」を参照することによって、過去を再構成するという姿勢を取るのである。こうした方法的な構えは、第一に、彼の歴史叙述にある種の国際性をもたらした。権藤の描く古代史はいわば東アジア国際関係史であった。国家に固有の歴史ではなく、東アジア世界において消長を繰り返す諸集団の交渉の歴史が、そこでは描かれることになったのである。第二の帰結は、国家の相対化である。権藤は、日本列島上の政治勢力と朝鮮半島や中国大陸の諸勢力との間にあった交渉を、従来の「普通国史」が想定するものより深く、古いものと見る。例えば新羅の王子天日槍の帰化、あるいは帯方文明圏との接触をことさらに重視する。「人文の進歩と、国外交通の関係とは古代と雖も決して相離れざる」(『自治民範』三六頁)というのである。さらに権藤は、「交通」が「国家」に先立つとする。「国家」とは、「交通」の産物であってその逆ではないのである。こうした事情を権藤は、「外国なければ国家ない」(『自治民範』二六五頁)、「敵国なければ国家なし」(『農村自救論』『著作集』第二巻、二四一頁)などとも表現する。「国家」とは、「天下を〔以て〕家となす」(『礼記』礼運)にあるように、君主の私有物を本来は意味する。だからこそ例えば「天下を以て己の国家となす」という表現は、独裁的な権力者への最大級の罵倒となり得た。したがって、「国家」は公共的な単位とはなり得ない。公共的な単位として本質的なのは、広くは「天下」であり、狭くは「社稷」である。とりわけ生活共同体としての「社稷」こそが、人間の共同的な生存にとって本質的に重要なのである。

制度が如何に変革しても動かすべからざるは、社稷の観念である。衣食住の安固を度外視して、人類は存活し得べきものではない。世界皆な日本の版図に帰せば、日本の国家といふ観念は不必要に帰するであらう。けれども社稷という観念は、取除くことが出来ぬ。国家とは、一の国が他の国と共立する場合に用ゐらるゝ語である。世界地図の色分である。社稷とは、各人共存の必要に応じ、先づ郷邑の集団となり、郡となり、都市となり、一国の構成となりたる内容実質の帰着する所を称するのである。各国悉く其の国境を撤去するも、人類にして存する限りは、社稷の観念は損滅を容るすべきではない。

（『自治民範』二六一―二六二頁）

『古事記』や『日本書紀』の紀年のずれを指摘すること、またそこに見える怪異や神託に「合理的」な解釈を付することは、権藤の専売特許ではない。権藤が知的な親近感を隠さない江戸の儒学者たちにとってそれは、むしろ当然の態度と言えた（新井白石の『古史通』等）。また、「国外史書」の参照が研究の進展にとって必要なことも、何も権藤の指摘を待たずとも、少なくとも研究者の間ではすでに広く共有された認識であった。例えば吉田東伍はすでに『日韓古史断』（一八九三〔明治二十六〕年）において、冒頭新井白石の『大日本史』批判「上世の事は日本紀等に打任せられ候体に候……本朝の古代は史書も少く候へ共、異朝後漢書以来、倭国の通交を記し候事共、いかにも〳〵実事多く候えば、此方に不吟味にて……」[17]を引きつつ、実際に各種国外史書を用いた歴史叙述を実践していた。また、黒板勝美の『国史の研究』（一九〇八〔明治四十一〕年）も吉田東伍の他に、白鳥庫吉、中田薫また金澤庄三郎らの『史学雑誌』に掲載された業績を、「日本書紀古事記及び三国史記三国遺事東国通鑑など」から「史的事実」を導く「比較研究」として、広く世の中に紹介する姿勢を示していた。

こうした先行諸研究と比較した場合の、権藤の叙述の特色は、任那をはじめとする朝鮮半島における日本の勢力の描き方にあった。日清戦争の直前に上梓された吉田の『日韓古史断』は、「日韓」を「同質の種国」とし、「其の根本を同うする所ある二国の分立せる始末を説く者」と同書の行論を説明していた[18]。権藤においても、すでに述べたように、朝鮮半島との間の密接な交流については詳述される。しかし、そもそも「国家」を公共的単位として重視しない姿勢とも相まって、「日韓」を「同質の種国」とする態度は見られない。また、任那日本府の存在については否定こそしないものの、叙述の重点はその経営の失敗におかれる。ここには無論、一新会以来の彼のアジア主義者としての経験から発せられる、昭和期政府の植民地経営の失敗に対する批判の意識が、「二重写し」にされていると見てよいだろう。

問題の広開土王碑の扱いも実はこの延長線上にある。確かに権藤は、「王知倭不屈、遂議和引師旋城」という一文を偽造し、「倭」の軍事力を実際よりも強大なものと見せかけようとした。だが、それは叙述の大きな流れを左右するようなエピソードではないし、任那府の経営の失敗や喪失の過程を糊塗しているわけでもない。「「倭」＝「大和」・「日本」の「朝鮮南部支配」の「永続性」を証拠立てようとはかった[19]」とするのは強引であろう。もちろん、権藤における「東アジア」的な視座が、現実には「超国家」的な勢力圏としての「大東亜」の弁証に用いられるという理路はありえたであろう。だからといって彼が日韓併合はもちろんのこと、例えばその後の「満洲国」についても終始批判的であったこと[20]とは見のがすべきではない。彼の本意は、任那の失敗を政府が繰り返していることへの警告にあろう。

この任那府の喪失という国際的危機は、国内的な危機とも連動していた、と権藤は見る。神武天皇による建国以来、「自治」の伝統は連綿と続いてきた。「我が建国の大精神は、天降り的に主権者に服従するのではなく、地方々々の民治を重んじて、農村自治の総連合の上に、財閥其他の搾取を抑へて、社会と民生を安穏ならしむることに帰収する」(『日本農制史談』九頁)と言うのである。だが、こうした「自治」の敵として、引用にもあるような「財閥の搾取」がこの時期、目立つようになってきた(権藤は有史以来「財閥の搾取」の危険性は存在してきたと考える)。具体的には蘇我氏である。さらに、もう一つの「自治」の敵が迫ってくる。宗教、もちろん、この場合には仏教である。任那や百済の崩壊とともに、日本列島に仏教が流入する。これを大陸とのコネクションを強化したい蘇我「財閥」が利用し、自己の権力を危険なまでに増大させていく。国際と国内の二重の危機が高まり、権藤にとっての「自治」の主要な二つの敵である「財閥」と「宗教」が蘇我氏において一つに結びつく。ここに大化の改新の条件が整うことになる。

(2) 大化の改新

南淵請安が教導し中大兄皇子が断行した大化の改新。それについて、権藤史観の第一の特色は、それを従来から存在した「自治」の伝統の再確認と見ることである。そこには二つの含意が伴う。一つには大化の改新をある種の復古の動きとして捉えるということであり——例えば権藤は、「班田収受の法」についても「蘇我閥族によつて乱された我国の古制を、再び確定して之を制令としたもの」とする——、二つには、それを政治的な中央集権化の過程と見なさないということである。こうした見方は、例えば黒板勝美とは対照的なものであった。黒板は大化の改新を「従来の氏姓制度を打破し律令制度を布くこととなりしは一大変革」とする。大化の改新を明治維新と並ぶ二大画期と見なす点で黒板と権藤は共通するが、従来の伝統の「打破」を読み取る黒板に対し、権藤は「復古」をそこに見出すのである。黒板はまた大化の改新によって導入されたのは「中央集権的制度」であるとする。例えば権藤によっては「復古」の例とされた「班田収受の法」を、黒板は「従来の封建制度を郡県制度に変更した〔明治の〕新政〔具体的には廃藩置県〕に比すべきものとするのである。[21]

権藤と黒板との相違はそれだけにとどまらない。例えば聖徳太子の位置付けである。すでに述べたように権藤の聖徳太子に対する評価は低い。仏教を推進し、蘇我氏の増長に加担したと見るのである。だがこれに対し、黒板の聖徳太子評価は極めて高い。しかも、大化の改新の思想的原動力を、黒板は聖徳太子その人に求める――「いはば中大兄皇子は聖徳太子を師として之に倣はれた」[22]――のである。一九一二（大正元）年に設立された法隆寺会（後の聖徳太子奉賛会）に当初からのメンバーとして加わっていた黒板の、大化の改新と聖徳太子を結びつけようとする姿勢に対して権藤が抱いていた反感は、「日本歴史だけを特殊特別の様に考へて有り難がり聖徳太子をかつぎまわつて、飯を食つてゐる様な人達」（『歴史公論』一九三三年四月号）という黒板評に端的に表れる。

この点では、例えば大川周明も、権藤にとってみれば、黒板と同じ穴の貉と言えた。大川は神武会の機関誌月刊『日本』の連載においては、おそらく権藤の所論をも意識しつつ、中大兄皇子と中臣鎌足を「日本の昔乍らの生命となつて居る神道に就いて、信仰も経験もなかつた人」とし、大化の改新は「儒教的精神によつて行はれ」、「吾国を如何なる危険に導いたかも知れなかつた」（一九三二〔昭和七〕年十一月一日）と論難している。他方、大川は通史的著作『日本文明史』（一九二一年）、『国史概論』（一九二九年）、『二千六百年史』（一九三九年）では大化の改新に高い評価を与えるものの、その際には「改革の根底を築き改革の方針を定めたのは、実に聖徳太子其人」[23]とする。つまり、そのままでは「唐制模倣」に陥りかねなかった大化の改新に、「日本精神」を注入した存在として聖徳太子を讃えるのである。権藤は、大川のこうした議論について、『君民共治論』の最終章を割いて――権藤にしては珍しいことに――明示的な批判を加えている。

大化の改新を、聖徳太子の思想的影響力と切り離し、その上で、伝統破壊の「唐制模倣」による急激な中央集権化などではなく、古来よりの伝統的かつ非中央集権的な「自治」思想が再確認された出来事と捉えることに、権藤はこだわりを見せていた。

大化の改新をどのような性格のものと見るか。それと聖徳太子との関係をどのように考えるのか。「国史」の通史的見取り図を描こうとする論者にとって、これは重要なトポスであった。例えば和辻哲郎は「飛鳥寧楽時代の政治的理想」（一九二二〔大正十一〕年）において、大化の改新を「国家社会主義とも呼び得べき「経済組織の上に行はれた一つの断乎たる革命」としつつ、こうした「革命」を聖徳太子によって掲げられた「道徳的理想」の実現と捉える。[24]「聖徳太子の憲法に於て思想的に表現され、大化以降の法令制度に於て政治的に表現せられた人倫的国家の理想」（「人倫的国家理想の伝統[25]」）というように、両者を順接的に見なすのである。その限りで、和辻の叙述は黒板や大川のそれに近い。

これに対して、権藤の議論と近い立場を採っていたのは、意外なことに、大化の改新を表層的な「唐制模倣」として、その意義を一貫して低く評価した津田左右吉であった。津田は「大化の改新の研究」（一九二九〔昭和四〕―一九三一〔昭和六〕年『史苑』に連載）において、史料批判に基づき班田制の実施を疑問視する。その上で、「要するに、それは政治上の制度の改新であつて、社会組織の変革ではない」と結論する。「社会組織が変革せられたのではなく、民衆の社会的地位が動かされたのでもない[26]」。改革はほぼ掛け声倒れに終わり、実現した成果は従前からの変化の追認にすぎない。さらに津田は、大化の改新について「聖徳太子に其の端緒が開かれてゐたのではなからうか」という見解に批判を表明し、あわせてそもそも聖徳太子による「十七条憲法」の実在をも疑問視する。[27] 権藤の所論は、津田が展開した議論のその評価の正負を逆転させたものと重なるのである。

権藤史観の第二の特色は、大化の改新において実現した「自治」を、「君民共治」の原則を宣言したものと見る点である。

> 大化新政の目的は自治を基礎とし、一人は一人にて処理し、一村は一村にて処理し、一郡は一郡にて処理する方針であつたから、多数の役人を要しなかつた。従て人民の負担は極度に軽かつた。之が即ち君臣共治の優点である。（『日本農制史談』『著作集』第二巻、九一頁）

引用文中は「君臣共治」だが、権藤が「君民」と「君臣」を区別している形跡は——儒学的素養があるのだとすれば驚くべきことに——ない。非中央集権的で〈小さな政府〉という「自治」の政治像を権藤は「君民共治」ないし「君臣共治」と表現するのである。

明治初期には、君主と議会が協力して政治を進める立憲君主制という意味でこうした語を用いる試みが盛んに見られた。また、中江兆民は「君民共治」を、往々にして共和政治と訳される res publica の訳語として採用することを提案していた。君主の有無は res publica の要件ではなく——したがって君主国イギリスもまた res publica であり得る——「政権を以て全国人民の公有物と為し一に有司に私せざる」か否かだけが問題であるという議論である。[28] 権藤が、中江の議論を意識していたかどうかは定かではない（とはいえ意識していたと想定するのは不自然ではない）。[29] だが、「君民共治」という言葉が当時すでに使い古された〈明治くさい〉ものでありながら、デモクラシーの潮流の中で新しい意味を獲得しつつあり、しかも、それが激しい論議を呼び起こす恐れがあったのは確かであった。

例えば、一九一三（大正二）年に茅原華山が創刊した雑誌『第三帝国』は「君民同治の新帝国」を明治国家に代わる理想として掲げている。[30] これは上杉慎吉が「立憲政体は「君民同治の政治」なりと為すは国家なる法人を拈出し来て之を二機関の上に超然たらしむるに依りて始めて説明することを得べし。然れども斯の如きは実に我が立憲政体の構成に非ず」（「国体に関する異説」『太陽』第一八巻第八号、一九一二年六月）として美濃部達吉のいわゆる天皇機関説を攻撃した翌年のことである。もちろん、天皇機関説が政治問題化するのは、一九三五（昭和十）年のことであり、一九二七（昭和二）年に出版された『自治民範』が直ちに問題視されたわけではなかった。だが、一九三二年『君民共治論』の出版を受けて、それまで美濃部等を攻撃していた蓑田胸喜の矛先は権藤にも向かった。蓑田は自身の機関誌『原理日本』で次のように言う。

権藤氏が公言する『君民共治』の出典なるものは、日本書紀第廿五巻　孝徳天皇大化二年三月東国の国司に下し給へる詔勅の一節、『夫君於天地之間而宰万民者不可独制、要須臣翼、由是代々之我皇祖等共卿祖考倶治、朕復復思欲蒙神護力共卿等治』である。権藤氏がこの　孝徳天皇の詔勅を意識的に『天智天皇の君民共治の聖詔』（序文）と詐称してゐることが既に道徳学術的に不逞悪逆の極みである……日本書紀の原文は……『共治』といふ成語は用ゐられてゐないので、それは辞書にも熟語としてはない権藤氏の個人的造語である。[31]

蓑田はここに「党派支配不忠『民政』主義としてのデモクラシィ」への権藤の「媚」を読み取り、「『君民共治論』は『立憲民政党』の党名と全く同素質の、更に凶悪なる大権干犯思想として誅戮の対象」と畳み掛ける。「共治」を権藤の「個人的造語」としている点は、先に見たように、不正確ではある。だが、典拠からの正確な引用ではないという蓑田の批判はその点においては正しく、また「デモクラシィ」への「媚」かどうかはともかくも、そこに何らかの含意が込められていたことは確かであろう。ちなみに和辻哲郎は、孝徳天皇による同じ詔について「会議による統治、衆論による統治、すなわち共治の思想」という――天皇機関説問題後に執筆した「人倫的国家の思想とその伝統」においてはなかった説明を――同論文を下にして編まれた戦後の『日本倫理思想史』（一九五一〔昭和二十六〕年）には追加している。

(3) 大化の改新以後

大化の改新以後の時期は、大きく大化の改新から明治維新までのいわば〈長い近代〉と、明治維新以後の〈短い近代〉の二つに分けることができる。〈長い近代〉の叙述の焦点は、鎌倉幕府におかれる。その「自治」に親和的なあり方が高く評価されるのである。〈短い近代〉のそれは当然に明治維新であるが、その評価は両義的である。五箇条の御誓文その他、当初の理念は大化の改新の精神の意識的な再演の試みとして高く評価されるものの、廃藩置県に始まる一連の改革については「官治」の象徴として非難の対象となる。権藤の生きる現在を規定するのはもちろんこの後者の局面である。

大化の改新を成し遂げた天智天皇（近江朝）の精神は、天武天皇の「官治」によって圧殺される。以後は、中央政府によって「政府の威権」の強化が進み、藤原氏を中心とする公家勢力（財閥）や仏教寺院を中心とする宗教勢力が「荘園」という形で、土地の兼併を進めていく。これに対し、新たに登場した武家勢力は、制度学を学んだ知識人の助けを借りつつ、「農村自治」の基礎を作り出した。例えば源義家は、大江国房の指導を仰ぎ、「藤原氏や寺院の荘園を抑へて、農村に自彊自治の精神を注入して居つた」（『日本農制史談』一〇九頁）とされる。こうした動きの頂点に輝くのが、やはり制度学を学んだとされる大江広元擁する鎌倉幕府であり――「鎌倉の政治は農村を基礎にした民治である」（『日本農制史談』一一九頁）――、名分論の観点からは非難されることが多い北条氏の施政も高く評価される。例えば、京都に比べて鎌倉の都が手狭であることが政権の非中央集権志向の証左であるなどとされる。「明治維新以前の勤王論は、殆んど鎌倉の美点を見ず、悉く揚げ足取りであり、人民の幸福を忘れて空中の国家と云う夢を見ていた」（同、一四二頁）というのである。

権藤は、貴族や寺社の「荘園」を嫌い、武士たちが育成保護したという「民治」を称揚する。鎌倉以降室町戦国に至る上層の政治機構の大混乱にもかかわらず、基層に存在する「民治」は一定の安定性を保ち続ける。また、織田や豊臣などの戦国の覇者は例外なく、こうした自治的な村落のあり方を保護育成することで、自らの権力の源とした。徳川の長期にわたる持続と繁栄を支えたのも、こうした村落の「自治」のあり方であったとされる。

明治維新は、その理想においては、大化の改新で確認された「自治」の伝統の再確認ということになる。しかし、実際に進行したのは、「自治」を破壊する「官治」の進展であった。急造された「翻訳立法の新国」において、「自治」を脅かす二つの敵――財閥と宗教――がまたもや、しかしこれまでとは異なる形で、姿を現わす。一つには「法人」ないし所有権の思想、二つには「国家」への忠誠をいたずらに強調する「窮屈な忠孝説」や「国家道徳」の思想である。権藤の見るところ、これら生活実感を離れること著しい抽象的な（しかも本来は外国由来の）概念が、人々の間の格差を増大させていく。それが明治における「官治」の進展過程なのである。具体的には、廃藩置県、地租改正、市制町村制の実施——とりわけその「官治」的な「自治制」のあり方——などが批判のやり玉にあがることになる。
明治期に作られた市制町村制による地方「自治」体のあり方を批判的に念頭におきつつ、中世の荘園の崩壊とその過程で生まれてきた武士や村落的結合を肯定的に捉える。こうした姿勢は、権藤のみならず同時代の史学・法制史学にも見られる潮流であった。「村中「惣」」の名の下に展開した「堅き結合——一種の自治」が、「神事を中心とする座制に起因」することを示そうとした。牧野信之助の業績[32]は、牧健二によってさらに深く開拓されていくことになるだろう。[33]
また、中田薫は「徳川時代に於ける村の人格」（一九二〇〔大正九〕年）において、「徳川時代の村」を法的契約関係の主体としての「人格」であったとしつつ、そのあり方を「然れども此人格は羅馬寺院的法人の如く擬制人（persona ficta）では無くして、日耳曼独逸法の（Genossenschaft）の如き実在的綜合人（reale Gesamptperson）である」として高い評価を与えていた。[34]さらに「明治初年に於ける村の人格」（一九二七〔昭和二〕年）ではこうした「村」の法人格性を「町村有財産」と関連付けつつ、明治政府の地方自治制が「徳川時代より継続伝来せる町村共有物の概念を、一蹴し去つて全然顧みず、総ての町村附属物を挙げて、町村自身に専属する町村有財産てふ概念に纏め上げてしまつた」と批判する。それは「即ち町村が実在的綜合人たる旧来の本質を変じて、純抽象的単一体たる法人に化したことを意味する……従来日耳曼法型の実在的綜合人たりし我町村は、明治二十一年法律第一号に依て、茲に羅馬法的擬制人に改造されてしまつた」と言う。[35]
もちろん中田は、徳川期の村落結合に「法人」性を認めた上で、ドイツ法とローマ法という比較の軸を用いてその性質の変化を論じているのであって、「法人」自体が輸入の産物だと主張する権藤の議論と完全に対応しているわけではない。だが、ドイツ法における「実在的綜合人」というモデルを通して中田がそこに見出そうとした徳川の村落の「法人」的性格と、権藤が強調する村の「自治」的性格とはさほど遠くはない。

生活共同体としての村落の〈自然〉性と、「行政の都合上」(『自治民範』二三八頁) から割り出された県制や市制町村制の〈人工〉的性格というこの対比——その後の研究者には自然村と行政村の二重構造などとして定式化されることになる——について権藤は、廃藩置県を「一種異様の郡県組織」と表現することにも表れているように、儒学的な「封建」「郡県」論の文脈で語る。

> 封建の基礎は尚武と農政を重んずることである、又その政治は、自然に地方自治の理に通ずる所があり、社稷政範の妙諦に合する所が有つた。小区画の土地と人民とを世襲的に支配する封建の諸侯は、其地方の利害を見るに親切なることは郡県制に於ける朝任暮廃の知事とは同一ではなかつた。
> (『自治民範』二三七頁)

中田における「実在的綜合人」と「抽象的擬制人」との対比は、権藤がここで「封建」と「郡県」との対比に込めようとしたものと重なるはずである。権藤は、この意味での、すなわち「郡県」と対比される意味での「封建」主義者であったといってよい。権藤自身は「自治」を〈国史〉の起源にまでさかのぼり得る伝統とするのであるが、その叙述は明治期にはいまだその遺習を濃厚に感じ取ることができたであろう近世の村落自治の「封建」的な理想像を、さらにその以前に遡及させることで構成されたという方が、おそらく実際には近いのであろう。[36] そして、権藤にとっての「封建」の秩序構想を端的に指し示す語こそがあの「社稷」なのであろう――権藤の幼少期は、彼が四歳の時に起きた一八七一（明治四）年の久留米藩の士族「封建」叛乱の余韻に包まれていたし、その彼を支えたのは弾圧を免れた「社稷党」であったことは思い出されてよい。[37] 権藤は著作中で「封建」という語を常に、上記引用文中にあるような「郡県」との対比の上で用いているというわけではない。とはいえこの意味での「封建」の語の含意が、権藤の周囲では生き残っていたであろうことは、安岡正篤が権藤の影響を受けつつ設立した日本農士学校の設立趣意書において、以下のように記していたことからもうかがえる。

而して鋤鍬を手にしつつ、毅然として中央を睥睨し、周章ず、騒がず、身を修め、家を斉へ、余力あらば先づその町村からして、小独立国家にしたてあげてゆかうという土豪や篤農や郷先生を造つてゆかねばならぬ。これ新自治（面白く云へば新封建）主義ともいふべき真の日本振興策である。[38]

「自治」と「官治」の相克の反復というモチーフと、自身の正統性を調達するためにも必要となる大化の改新の画期性という要素とは、見てきたように、ひとつらなりの歴史叙述として見た場合に、あまり相性のよいものとは言えない。また、アナーキストとして活動していた妹誠子がいみじくも言うように、権藤の主張が仮に正しく、それほど「自治の力」が強かったとするならば、「それを打壊す豪族の搾取、支配というような反自治的な勢力が生まれて来る根拠はない筈じゃないか」という疑問は、権藤史観の急所を衝いていよう。[39] にもかかわらず、権藤の「自治」と「官治」の相克史観は、それを「封建」と「郡県」と読みかえてみるならば、田口卯吉の『日本開化小史』あるいはそれ以前からの「封建」「郡県」論に基づく歴史叙述の伝統に沿いつつ、[40]同時代の歴史学の知見を付け加えた（あるいは少なくとも意識した）「封建」論の変奏の最新バージョンであると言うことができよう。

四　おわりに

政治権力がその正統性の根拠を過去から調達することは極めて危うい、というのがトマス・ホッブズの警告であった（*Leviathan*, reviews and conclusions）。そのホッブズが攻撃して止まなかったアリストテレスもまた歴史には冷たかった（彼が重視したのは叙事詩である）[41]。他方で、東アジアの歴史において、政治権力の正統性の根拠を歴史に求めようとする試みは一般的であった。[42]「正史」である。ここに言う「正史」とは、公開性や検証可能性を核とする適正な手続きに基づいて叙述された歴史の謂いではない。問題なのは手続きの適正ではなく、内容の正しさ、それも政治的な正しさなのであり、そのような内容によって調達される権力の正統性である。

この意味での「正史」を、近代日本はただが遂に持つことがなかった。正確に言えばその試みはあった。「維新」を受けた最初の「正史」編纂事業[43]と、「大東亜戦争」を控えた二度目の「正史」編纂事業。[44]二つの「正史」の試みとその挫折に挟まれた谷間の時代。権藤の歴史叙述がおかれることになった時代の文脈をこのように言うこともできよう。

『自治民範』を出版した一九二七（昭和二）年、権藤はやはり自家に伝わるという山県大弐『柳子新論』

を校訂の上、翌年には年譜と「事歴攷」さらに訓訳文を付して刊行している。『柳子新論』と言えば、徂徠学に学び兵学を講じていた一介の町儒者が目前の「幕府」への苛烈な批判と、それにとって代わるべき日本列島の本来の支配者としての京都の「朝廷」への思慕を、自家に伝来する「一古書」に仮託したものである。『柳子新論』が、山県の創作した一種の偽書であることは、当時からすでに明らかであった。してみれば、権藤の『南淵書』に始まる一連の「家書」についても、それが偽書であることを本気で隠すつもりはそもそもあまりなかったのであろう。偽書に仮託するという、そのこと自体もまた、権藤の著作同様、擬古の身振りに他ならない。同時代にやはり一種の流行を見ていた古史古伝とはやはりこの点でも異なり、権藤は「正史」のスタイルに則りつつ、自らの「偽史」性に自覚的であった。それは自ら正統を目指す異端ではなかった。正統を称しながら自らの異端を深く自覚している。いわば〈正統なき異端〉の歴史叙述であった。

「正史」は遂に編まれなかった。だが、その輪郭が見えていなかったわけではない。国体論あるいは皇国史観という形で、その存在感はむしろ――輪郭の境界線が曖昧であるがゆえにいっそう――時代を追うごとに強まっていった[45]。その核心に背くような歴史叙述は危険であった。おぼろげな輪郭の内側で許された叙述の自由――いわば「国体」論的公共性[46]――の範囲から見ても、権藤の歴史叙述は異端的であった。彼は「国体」を語らず、「国体論」に関してあからさまに冷罵した。「国体」論的公共性――権藤から見て黒板勝美の「国史」はその中央に位置した[47]――の臨界に挑戦しようとするかのような彼を、非難の矢から守るための擬装として、彼の擬古的な身振りはおそらく有効に機能した。

この奇妙な擬装こそが、それをはぎ取って見れば極めて明治的色彩の濃い「封建」論と「立憲政体」論を骨格としつつそこに大正のアカデミズム史学の達成をかぶせた格好の筋張ったその歴史叙述をして、あたかも「超国家主義」陣営の中央に位置するかのように見せるための魔法でもあった。

戸坂潤が指摘した「文献学の無組織的適用」もまたおそらくこの点に関わっていよう。任意の過去を現在の「政治道徳」として召喚する。過去と現在を「二重写し」にして見せる。現在と過去との間の適切な距離感を見定めることができないからこそ、過去の事象が無媒介に現在の指針として有用だと考えられてしまう。「文献学の無組織的適用」を可能にするある種の非歴史的意識(48)――その一つの逆説的な現れが歴史ブームであろう――の貯水庫にアクセスするための呪文として、擬古の身振りはあった。その呪文は、明治大正の「在野」史学と昭和の「超国家主義」を滑らかに架橋したのである。

註

(1)「波多野宮相権藤成卿氏対話筆記」『権藤成卿著作集』第三巻、黒色戦線社、一九七二年、一四三―一六二頁、永井和「波多野敬直宮内大臣辞職顚末―一九二〇年の皇族会議―」『立命館文学』第六二四号、二〇一二年。例えば同郷人でもあった倉富勇三郎日記には、柳原白蓮事件に絡んで登場する。当時倉富は宮中某重大事件と摂政宮設置問題に忙殺されていた。『倉富日記』第二巻、国書刊行会、二〇一二年、四六二頁。こうした状況と全く無関係ではなかっただろう。

(2)滝沢誠『権藤成卿覚え書』滝沢清司、一九六八年、一一六―一六三頁。『右翼思想犯罪事件の総合的研究―血盟団事件より二・二六事件まで―』思想研究資料特輯第五三号、一九三九年、後に社会問題資料叢書、東洋文化社、一九七五年、二〇一頁所収。

(3)総字数はどの拓本を用いるかにより現在でも論争がある。佐伯有清『広開土王碑』吉川弘文館、一九七四年、古瀬奈津子編『広開土王碑文拓本の新研究』同成社、二〇一三年。語彙については当時他にも國府種武「書物の敵」『愛書』第五号、一九三六年。また前注(1)『倉富日記』一九二一年六月十三日にも西村天因からの指摘を伝える条が見られる。

(4)向坂逸郎「権藤、成卿氏の所論を評す」『改造』一九三二年七月号、山川均「新農村政策のイデオロギー」『経済往来』一九三二年十一月号。
(5)林癸未夫「農村の自治自救は可能なりや―権藤成卿氏の思想を批判す―」『経済往来』一九三二年十月号、蓑田胸喜「権藤成卿氏『自治民範』『君民共治論』の不忠反逆思想」『原理日本』一九三二年七月号、九月号。
(6)内務省警保局編『出版警察資料』第四輯「ファッシズムの理論」(一九三二年)第三章。蠟山政道「日本「ファシズム」の思想的特徴」司法省刑事局編『思想研究資料』第三八輯、一九三三年十二月も同様。ただし、ここでは橘孝三郎が主に取扱われている。
(7)『丸山眞男集』第三巻、岩波書店、一九九六年、二七三―二八九頁。
(8)片山杜秀『近代日本の右翼思想』講談社選書メチエ、二〇〇七年、一八―二六頁。
(9)橋川文三『昭和ナショナリズムの諸相』名古屋大学出版会、一九九四年、二〇頁。
(10)『日本主義的教養の時代』柏書房、二〇〇六年、三〇二頁。筒井清忠『日本型「教養」の運命――歴史社会学的考察』岩波書店、一九九五年、第一章、佐藤卓己『『キング』の時代』岩波書店、二〇〇二年、第二章。
(11)前注(8)片山書、一〇四頁。ただし、注(48)参照。
(12)『土田杏村全集』第三巻、第一書房、一九三五年、三九二頁。
(13)同右、三九三、三九九頁。
(14)『戸坂潤全集』第二巻、勁草書房、一九六六年、二三二頁。
(15)念のために言うと、こうした傾向は権藤思想の内在的再構成を試みた論文についても同様である。代表的なものとしては、船戸修一「〈相互扶助〉関係の構築―権藤成卿の農本主義―」『ソシオロゴス』第二五号、二〇〇一年。
(16)正確には、『八隣通聘攷』附載の年表には、西暦とともに参考として掲げられるものの、叙述中には出ない。
(17)吉田は明示しないがこれは白石の佐久間洞岩宛書簡と思われる。ただし、『新井白石全集』第五巻、吉川半七、一九〇六年、五一八頁所収のそれとは少しく異同がある。ここでは吉田『日韓古史談』五頁に拠った。
(18)『日韓古史断』諸言、四頁。
(19)中塚明『近代日本の朝鮮認識』研文出版、一九九三年、一六九頁。
(20)『農村自救論』二二六頁、「章太炎氏の満蒙殖民に対する学的意見」『制度の研究』第二巻第六号、一九三六(昭和十一)年六月号、滝沢誠「権藤成卿の満蒙観」『近代日本右派社会思想研究』論創社、一九八〇年。
(21)黒板勝美『国史の研究』文会堂、一九〇八年、九二頁。

(22) 同右、九〇頁。こうした論旨は更訂後も同様である。
(23) 大川周明『二千六百年史』第一書房、一九三九年、五五頁。この点は、大森美紀彦『日本政治思想研究』世織書房、二〇一〇年、第四章が参考になった。ただし、論旨にはあまり首肯できない。
(24)『日本精神史研究』岩波書店、一九二六年、一二一―一三頁。
(25)『岩波講座　倫理学』第六冊、岩波書店、一九四一年、四七頁。
(26)『津田左右吉全集』第三巻、岩波書店、一九六三年、二六〇頁。
(27) 同右、二八四、二九四―二九五頁。
(28)「君民共治之説」『東洋自由新聞』第三号、一八八一（明治十四）年三月二十四日付。
(29) 南葵文庫の会を通じて親しくしていた飯塚西湖は Émile Acollas に学んだ兆民の弟子であった。
(30) 水谷悟『雑誌『第三帝国』の思想運動――茅原華山と大正地方青年』ぺりかん社、二〇一五年、一一〇頁。
(31)『蓑田胸喜全集』第三巻、柏書房、二〇〇四年、六七一頁。
(32)「中世末期に於ける村落結合」（一九二三年）『武家時代社会の研究』刀江書院、一九四三年、三七六、四〇七頁。
(33) 牧健二「我国近世の村落団体の起源」『法学論叢』第三四巻第六号（一九三六年）。牧については山口道弘「牧健二の史学史的研究序論―特に委任制封建制論及び知行論争理解の深化に向けて―」『千葉大学法学論集』第二七巻第二号、二〇一二年。
(34)『法制史論集』第二巻、岩波書店、一九三八年、九八五頁。
(35) 同右、一一〇三―一一〇四頁。
(36) この点を指摘するのは七〇年代の新左翼による権藤再評価からは距離を置いた渡辺京二「権藤成卿における社稷と国家」『維新の夢　渡辺京二コレクション』筑摩書房、二〇〇六年、一七四頁。
(37) 前注（2）滝沢書、二〇頁。前注（23）大森書、八二―八三頁。
(38) 日本農士学校設立趣意書、亀井敏郎『金鶏学院の風景』邑心文庫、二〇〇三年、二二二頁。
(39)「座談会　刻下愛国運動の真相」において北原竜雄が妹誠子の言として引用している。『著作集』第七巻、三三七頁。
(40) 拙著『田口卯吉の夢』慶應義塾大学出版会、二〇一三年。
(41) M. I. Finley, "Myth, Memory and History" (1965) *The Use and Abuse of History*, Pimlico, London, 2000, pp. 11-14.
(42) もちろん、西洋において歴史叙述が政治思想の問題でなかったというのではない。犬塚元「歴史叙述の政治思想――啓蒙の文明化のナラティヴ」『政治哲学2　啓蒙・改革・革命』岩波書店、二〇一四年、二七―三〇頁。ただし、あからさまに非歴史的な社会契約論を筆頭に「西洋」政治思想史においては、権力の正統性を歴史以外に求めようとする態度も根強い伝統を持つとは言うことは許されよう。もっとも、政治的に正しい歴史への強固な志向を有する〈中華〉と対比するならば、「史論」の政治思想が可能となる余地は西洋と日本の双方で大きい。例外的なのは〈中華〉の方なのかもしれない。

(43) 松沢裕作『重野安繹と久米邦武―「正史」を夢みた歴史家―』山川出版社、二〇一二年、七三頁、宮地正人「政治と歴史学―明治期の維新史研究を手掛かりにして―」『現代歴史学入門』東京大学出版会、一九八七年、九七頁。

(44) 長谷川亮一『「皇国史観」という問題』白澤社、二〇〇八年、第五章、第六章。

(45) 宮地正人『天皇制の政治史的研究』校倉書房、一九八一年、第二部第二章。

(46) 「「我が国体」に関する最低限のイメージを共有しながら、各論者がさまざまに「正しい国体」を提示する言論空間」である。山口輝臣「なぜ国体だったのか?」『日本の外交』第三巻、岩波書店、二〇一三年、六八頁。

(47) 廣木尚「黒板勝美の通史叙述―アカデミズム史学による卓越化の技法と〈国民史〉―」『日本史研究』第六二四号、二〇一四年、山口道弘「正閏続論」『千葉大学法学論集』第二八巻第四号、二〇一四年。

(48) 片山杜秀は、前注(8)『近代日本の右翼思想』において、「現在にすべてが解消されてしまい、過去と未来との連関から現在を注意深く見つめる思考が捨て去られ、歴史的思考、因果の探究が無化される状況」を、「現在あるがままに充足する時間意識の日本的展開」として、カール・マンハイムを参照しつつ、伊福部隆彦、俗流西田哲学と長谷川如是閑のプラグマティズム(本章参照)を扱う部分で詳細に――その焦点は「中今」という言葉の象徴される時間意識のありようである――検討している。伊福部隆彦が権藤の影響を色濃く受けていることも片山が指摘する通りである。本章はそうした時間意識のありようを分析することに先立って、権藤が歴史を叙述する際に用いる道具立てを吟味しようとするものである。前注(8)書、一四二―一五九頁。

第七章　「スキンシップ」と政治学

一　「常民」と〈ぶしつけ〉な視線

キアンガンに上る途中、路傍の林中で、たまたま通りあわせた同期の木下（和信）少尉に会う。かれは、「支部情報機関をひきいてここまで来た。バトー橋はすでに落ちた。敵軍においつめられて邦人の婦女がだきあって川へ投ずるのも見た！　いまは古事記の時代だ！〔傍点本文、以下同〕おれたちは国づくりをやっているんだ！　きさまはなにをしているか？」と叱咤した。私はだまって読みさした書物を示した。かれはちらとそれを一べつして「また会おう」と、さっそうと立ち去った。

（『近代日本の精神構造』「あとがき」、一九六一年）

神島二郎は、劇的な人であり、情念の人である。フィリピン・ルソン島における壮絶な戦争体験が描かれた代表作『近代日本の精神構造』「あとがき」を読めば誰しも、こうした感慨を抱くことになるだろう。神島に関する劇的なエピソードは他にもある。例えば、一九六八年、勤務していた立教大学の研究棟が、「闘争学生」に占拠された際のことである。

> 私が中にはいってみると、私の部屋のソファーベッドがない。探してみると、他の部屋に持っていってあり、そこに闘争学生が寝そべっているではないか。私は烈火のように怒り「お前らは革命かくめい《ママ》といいながらベッドに寝るとはなんだ。革命をやっているなら普通の寝方をするな、そういう欺瞞が俺は許せない……革命をやっているなら立って寝ろ、ベッドに寝たかったら革命を止めて自分の家に帰って寝ろ」と私は言った。「そんなことできません」という。「できないことはない。俺達は戦争中戦地で歩きながら眠った。立って寝られないことはない。できないのは緊張感がないからだ」……
>
> （神島二郎「柳田國男と丸山眞男を超えて」『向綾』第四〇巻第一号、一九九八年）

そう言い放った神島は、「長椅子があるから悪い」とソファーベッドを自らのナイフで切り裂いたのだという（高畠通敏「神島二郎先生にお別れする」『回想神島二郎』、一九九九年）。もっとも神島自身は、「闘争学生」からの問いかけを真剣に受け止め、後に「敗戦からはもちろん、大学闘争からも多くのものを学ばせられ、これらの体験が私の生涯に二つの折れ目を用意し、福澤諭吉の言葉をかりていうなら「一身にして三生を経る」思いをなさしめるほどだった」（『人心の政治学』「あとがき」、一九七七年）と、回想するのだが。

『近代日本の精神構造』（一九六一年）『日本人の結婚観』（一九六九年）に続く第三作目として刊行された

『文明の考現学』(一九七一年=新装版二〇一三年、東京大学出版会。以下頁数は同書のもの)には、「欧亜の旅から」と題した紀行文が収められている。一九六一年九月から翌年の一月にかけて、ヨーロッパ、中近東、東南アジアのおよそ二十カ国を巡ったこの旅の記録のなかに、豊かな抒情や劇的な物語を予想する読者の期待は、しかし、大きく裏切られることになる。素朴で散文的な文章の羅列。現在で言えばちょうど、誰かのブログやfacebookのエントリーをそのまま見せられているような読後感を、読者は抱くことになるだろう。しかも、旅先の人々に向けられた神島の視線は、ぶしつけと評しても許されるような類のものである。

例をあげよう。神島は実にしばしば女性の体型や肌に言及する。「オランダの女はいったいに丈高く、なんとなくごつごつしていて、顔や手足の毛深いこと、あまりぞっとしません」(一〇八頁)、「ビキニ・スタイルの若い女が毛むくじゃらの肌をあらわに日向ぼっこをしていました」(イギリス、一一四頁)、「娘はぼろぼろの外套をまとい、乗るときスカートのやぶれから太股がみえるほどで」(ダブリン、一二三頁)、「女の体格はおどろくほどで、全体として固肥りで、造作がとても大きいのです」(エジプト、一五九頁)。また、個人の性的志向に関する無雑作な、現在であればあまり適切な評価の仕方ではないと思われる言及も随所にある。訪問先も、政党の党大会や大学はもちろんとしても、酒場やあやしげなバーも多い。これはいったいどういうことなのだろうか。

神島はこの時四十三歳。すでに立教大学法学部教授としての職を得て三年目。独身であった。結婚するのは七年後の一九六八年のこと。当時は本人も「塗炭の苦しみ」と回顧する、学問に集中するための禁欲期間の最中であった。そうした禁欲の最大の成果であったはずの『近代日本の精神構造』が刊行されたのは、旅行に出た年の二月のことである。禁欲と集中と（一時的）解放と。こうした個人史的な事情を行間に読むこともできるだろう。

また、媒体の問題もあろう。「欧亜の旅から」が当初連載されていた『立教』はその名の通り勤務校の広報誌である。読者は主に学生やその保護者。いわば「身内」に語りかける気安さもあったのだろう。学生のうちで女子学生の比率はまだそう大きくなかった。ウーマンリブや、フェミニズムの運動が市民権を得るのも、もう少し後になってからのことである。

「欧亜の旅から」のこうした側面を、上記の諸事情によって筆が滑った結果とのみ捉えたのでは、しかし、重要なものを見失うことになるのではないか。神島はこの時期、柳田國男の読み直しを通して、「コモンマン」としての「常民」という方法的視点を確立しつつあった（「柳田國男」『日本の思想家』第三巻、一九六三年）。「常民」とは、単に過去にのっぺりと実在した人々を指すものではない。神島は、それを「「つらのように」たれさがって融解しながら現代に浸透する〈うちなる原始人〉」（『政治の世界』、一九七七年）とも呼ぶ。自らのうちになお生き続け、現代を見つめるもう一対の「眼」。そういうものとして「常民」が意識されていただろう点には注意が必要である。

そうした事情を念頭において『文明の考現学』を読み直すと、例えば、座談会「内と外の生活から見た日本」（『中央公論』一九五九年六月号、七月号連載、同書所収）には、すでに衣服や（酒場のあり方をふくめた）食事や住居のあり方といった、「ものにくっついた次元」（二〇七頁）の海外情報を、実際に在外経験のある福田歓一（一九二三―二〇〇七：専攻は政治学史）や尾形典男（一九一五―一九九〇：専攻は政治学史）から引きだそうとする姿勢が明らかに見えることに、気づかされる。また、「所与としての民俗と課題としての常民とをはっきりと区別し、民俗は常民との関連において選択抽出されるところの採集資料でなければならぬ」（『常民の政治学』、一九七二年）とは他ならぬ神島自身の言である。「欧亜の旅から」の非抒情的で〈ぶしつけ〉な視線は、おそらくそれ自体が、「常民」としての四十代独身男性という方法的に設定された「眼」としてあったのではないか。そうした「眼」から見た「民俗」の「採集資料」という側面を「欧亜の旅から」は、有していた。そしてそれは、「ちょうど聖地巡礼でもあるかのように、思想史上のメッカを遍歴することが流行する時代」（『近代日本の精神構造』「あとがき」）という彼の同時代に対する批判的な認識とも対応していたと考えるのが自然であろう。

とまれ、「欧亜の旅から」が卒読した印象とは裏腹に、作為的な方法の産物であったとするならば、「私は、およその見当がついてから読むか、あるいはほぼこれだなと分かってから行ってみる。つまり仮説ができてからたしかめにかかるわけである」（『磁場の政治学』、一九八二年）との自己解題は、この旅の場合にも妥当していたと考えることができるだろう。未知の事物や人々との新鮮な出会いというよりは、あらかじめ立てた「仮説」の検証が目的ならば、その叙述は潤いを欠いたものにもなりがちだろう。

だが、「欧亜の旅から」がそうした平板な検証作業にとどまっているわけではないことは、先にあげた女性に対する〈ぶしつけ〉な視線の過剰さを見ても明らかである。それは神島が単なる「仮説」の検証としての旅に満足していなかったことを示唆するものでもあるのではないか。自らが設定した〈眼〉によっては、見ようと思っても見ることが出来ないものを神島は求めていた。そうした印象は次のような記述に接すると強まる。

……つれていかれたのは、なんとロカビリィ酒場で、ステージでは若い男が半狂乱でがんがんやっており、男女が大勢ひしめきあって飲んでいる。相当酔っぱらった若い女もおり、人の鼻先を尻でこすって通りすがり、ついでに頬っぺたをしゃらりとなぜてゆく。

（イギリス、一一〇―一一一頁）

ここで神島が記述しようとしているのは、〈眼〉によっては捉えることが出来ない、なまめかしい〈触感〉である。視覚による観察のみにはとどまらないこうした触覚への希求が、この紀行文に独特のうねりをもたらしている。

二　〈触感〉デモクラシー

先にあげた座談会「内と外の生活から見た日本」で神島は、子供の躾における「スキンシップ」の問題にこだわりを見せている。イギリスでは、家庭やパブリック・スクールにおいて鞭を用いた厳しい躾が一般的だ。そう語る福田歓一の発言を受けて、神島はつぎのように言う。

イギリスやアメリカの親が、鞭でひっぱたいているというのは、それなりに必然性があると思うんだ。どうしてかというと、親が子供に信頼がないということがあるんじゃないか。子供が人を信頼するのは、理屈を聞かされて信用するんじゃない。自分を保護してくれるものを、感覚的に感じるから、信頼するわけでしょう。そういう点で、日本では、かえって親が信頼されている〔という〕ことだ。（二二六頁）

神島は、こうした感覚的な「信頼」の基盤を、日本の親に「子供と肌をつける機会」が多いことのうちに求める。「随分おそくまで乳をいじらしている親が多いし、それから抱きしめたり、額へさわってみたり、ほおずりしてみたり、そういうことを日本人はよくやっているんだ。ところが、ヨーロッパではやっていないらしいな」というのである。一貫した基準に則った厳しい規律訓練としての躾のあり方（それは例えば池田潔『自由と規律』〔一九六三年〕を通して広く人口に膾炙することになろう）に肯定的な福田や尾形に対し、そうした「欧米のやり方」を、サーカスの猛獣を調教するための「残酷訓練」に譬える神島は、スキンシップに由来する「安心感をもとにした特有の訓練方式」として、日本式の伝統的な育児のあり方を高く評価するのである（こちらは松田道雄『日本式育児法』〔一九六四年〕にその後継者を見出すことができる）。

もちろん、「日本の戦後の教育」に対する評価が低い点で三者共通してはいる。神島も、「家庭に安全感だけがあって訓練がない」と「規律」や「訓練」の必要性自体は、認める。だが神島によれば、規律を欠いた「戦後の教育」の欠陥は、「安心感をもとにした特有の訓練方式が可能なのに、異質文明と接触した結果、かえってそれを欠落させ」た「日本の近代」に独特のあり方の結果なのである。したがって、いたずらに規律や訓練の必要を叫ぶことには、「西欧社会がこのごろ問題として気づきはじめたことを、じつはこっちで前からやって解決していた。その利点までも捨てちゃう」という危険が存するのである。

だがむろん、「欧米のやり方」と日本のそれとが、実際に、こうした形で比較が可能なのか。ことは「スキンシップ」に関わるだけに文献をもとに論ずることは難しい。そして、そもそも「スキンシップ」なる語自体が、小児科医平井信義が普及させた、英語としてはやや不自然な言い回しであった。しかし、「スキンシップ」というこの視角こそが、人と人との間の〈触感〉への神島の鋭敏な感覚を用意したものではなかったか。

「スキンシップ」を媒介とした「安全感」「安心感」に訓練や規律の基盤を、そしてそうしたものの延長線上にあるだろう「秩序」の培養基を求めようとする神島の姿勢は、すでに『近代日本の精神構造』の中に見出すことができる。例えば、「〈醜態〉の共同」をめぐる議論がそれである。神島は、「日本社会における基本的な統合様式と西欧近代社会のそれとのちがい」につき、後者では「社会の横動的組織化の基礎」が「平準化された作為的〈美態〉の共同」にあるのに対し、前者では「生理的にもっとも自然な〈醜態〉の共同」にあるとする。

もちろん、〈醜態〉と〈美態〉という対比にすでにうかがえるように、前者に対する批判的含意は、明らかである。後者では、「自分たちがつくった規則や義務を守る」ことを前提にして運営されるサロンやクラブでの「くつろぎ」が、前者では宴会での「無礼講」や「裸踊り」が、それぞれ典型的には想定されることになる。前者の「裸体主義」は、規律を欠いた「欲望自然主義」の発露である。また、〈美態〉の共同を基盤として存立する「西欧近代」のデモクラシーとは、強固な身分間の障壁を前提としつつ、そうした条件の下で統合を実現するために、議会を「世論」の集積場として設定することになった（オピニオン・デモクラシー）。これに対し、身分間の移動を自由化した明治日本においては、議会は「世論」の集積場としてよりもむしろ身分上昇（「出世」）のための装置として機能することになった（ステータス・デモクラシー）。神島はそのように説く。ここでも、当然、ステータス・デモクラシーへの評価は辛い。それでも「〈醜態〉の共同」による「横動的組織化」を神島はあくまで「デモクラシー存立の基礎」としてあげる。それは〈裸体《スキンシップ》デモクラシー〉（「触感」デモクラシーと言い換えられることもある）と名付けることができる。

藤田省三も、「べったりデモクラシー」とか「猥談デモクラシー」とか「寝部屋デモクラシー」などいろんな表現で、これを説明しようとしている。私はこれをデモクラシーの一形態とみたいので、このような言葉をしりぞけて〈裸体《スキンシップ》デモクラシー〉と呼ぶことにした。この言葉がより適切にその本質を示すと考えたからに他ならない。（『近代日本の精神構造』）

明示的な言及こそないものの、これは一九五九年十月十日に行われた日本政治学会における共同報告「日本政治におけるリーダーシップ」（神島二郎・今井清一・藤田省三）を念頭に置いたものだろう。「日本における組織方法論について――地方青年団体をモデルにして」と題された藤田報告では、「田舎青年」の「「寝部屋」的「雑魚寝デモクラシー」の人間結合力」は、組織化の対象として一定の評価を与えられつつも、それ自体は、「人間丸裸主義的結合」という批判的含意のもとに語られていた。これに対し、神島報告は、山本瀧之助の青年団構想や、山本が自身の構想の前提として考えていた若連中や若者組といった既存の「在村青年組織」の活動を、それ自体として高く評価する（「日本政治におけるリーダーシップ」。後に「近代日本の政治指導」と改題の上、『政治の世界』、一九七七年に収められている）。こうした傾向は、「人間存在の基本的なあり方」としての「ツワイザームカイト（Zweisamkeit：むかいあいとしてのあいたい）」を探求した『日本人の結婚観』にも、見られる。そこでも、日本人の婚姻にとって、こうした若者組織が果たしてきた役割の大きさが、肯定的に言及されているのである。

神島にとって問題は、本来は自立や秩序の拠点であるはずの、「触感」「親睦」を媒介とした結合（典型的にはイエやムラに具現される）が崩壊し、「単身者」の「群」を前提とした都市建設、国家建設が進められてきたことにこそあった。都市に集まった「単身者」たちは、自立した個人同士による〈美態〉の共同へと進むことなく、かつてあったはずの〈回想のムラ〉を軸とした〈第二のムラ〉――藩閥を典型とする郷党閥、あるいは同窓会を中核とする学校閥がそうしたものに含まれる――へと群れつどってゆく。神島によれば、〈醜態〉の共同は、こうした仮想的なムラにおいてこそ、栄える。宴会で「裸になれ！」と参加者に要求する「裸主義」は、日本の伝統的な共同体の病理などではない。そこに確かにあったはずの、「触感」を媒介とする豊かな人間的結合が、すでに失われてしまったからこそ叫ばれる、空疎なイデオロギーにすぎないのである。

丸山眞男の教えを受けたいわゆる「丸山学派」として、しばしばひとくくりにされがちな神島と藤田であるが、両者は、明治国家の建設に携わった政治指導者たちが、国民統合の様式として「自然村的秩序」を参照したことに着目したという点ではたしかに共通しつつも、この「自然村的秩序」それ自体の評価において微妙ではあるが明確な対照を示してもいるのである。そしてその対照は、丸山との間にあってはさらにあざやかなものになるであろう。

三　「かのように」と「参与感覚」

「欧亜の旅」から帰国した神島は、久しぶりにみた東京の姿に、改めて深い印象を覚えることになった。とりわけ朝夕のラッシュ時、「ものすごい大量の人」の「秩序もなくめちゃくちゃにエネルギッシュで無方向な流れ」に（二〇五頁）。高度経済成長にさしかかり、激化の一途をたどりつつあったのであろう東京の通勤通学ラッシュは、そのただ中に身を置いてみるとき、〈触感〉の観点からは、例えば次のように捉え直されることになる。

> ラッシュ時の満員電車で日常われわれが経験するところは、赤の他人がぴったりと身体をおしつけ、肌のぬくみや心臓のときめきをじかにきくほどでありながら、その感触にしたがって次の行動をとることができない、あきらかにそれはタブーだから。田舎の生活では、通常身体をよせ肌のぬくみをじかに感ずることはまずないし、そうできるときはその感触に応じたつぎの行動がゆるされており、感覚と行動の連鎖を分断するようなタブーはかつて存在しなかったのである。　（『日本人の発想』、一九七五年）

人と人との物理的距離は極限まで短くなっても、それが本来伴うべき意味はもはや失われている。「感覚と行動の連鎖」のこうした「分断」こそが、神島の見るところ、「日本の近代」の根本的な条件である。この条件はしかも、例えばテレビの普及に伴う画像イメージの氾濫によって、新たな装いを取りつつある。タレントの笑顔、美女の肌。それらは、「あたかもじかに応対し、触れることさえできるかのように思われるが、その臨場感・接触感はあくまで「感」に止まり、「かのように」でしかない」(同上)。神島がここで提起しているのは、ヴァーチャル・リアリティの問題である。

しかしそうであればこそ、人々の間での「触感」への希求は、昂じずにはいない、と神島は言う。さらに、そうした欲求は、ステータス・デモクラシーの隘路を突破する鍵にもなる。神島は、「近代化と秩序モデル」(『文明の考現学』所収、一九六七年)で、人々の間の「歴史的事件に参与したいという欲求」「参与感覚」の高まりに着目する。それはいわば「出世デモクラシー〔ステータス・デモクラシーの言い換え〕の〈先祖がえり〉」であり、また「触感デモクラシーにおける神祭りへの参与感覚の復活」でもある(四四頁)。「かのように」の世界に飽いた人々が、「神祭りへの参与感覚」を求めて動き出す。人と人、あるいは人とモノや事件(「コト」)との間にある「触感」に照準する神島の理論的視野は、それゆえに、おそらくこの直後に訪れる「大学闘争」や、あるいは革新自治体を実現することになる人々の大きなうねりをその展望の下に収めていた。

『文明の考現学』刊行以降の神島には、一方では、目前の日本政治の状況に対する、主に新聞への寄稿を中心とした、時事的発言が目立って増えていく。また、他方それと並行して、普遍的な科学としての政治学の構築のために、政治現象を支配する様々な「元理」を抽出するという作業への没入も顕著になっていく。後者の集大成である「政治元理表」に神島は、死の床にあっても改訂を加えつづけたという。田中角栄から、湾岸戦争にまでいたる時事的発言について、また彼が死の直前、その書を求めひどく喜んだという筧克彦(彼についての好意的な言及は『近代日本の精神構造』にすでに見える)の学的体系をも彷彿とさせる、曼茶羅然としたその「元理表」について、解説を加えることはもはやできない。ここではそうした仕事へと彼を駆り立てた、原動力としての秩序のイメージにささやかな照明を当てることを試みた。

『近代日本の精神構造』と『日本人の結婚観』（どちらもまぎれもなく傑作である）を経て、政治学者・神島二郎が練り上げつつあったこの秩序イメージは、感性的存在としての人間をその基盤としてすえていた。そしてだからこそその射程は、例えば、感性的欲望をあくまで峻拒し、自律した理性的な諸主体の自己立法としての社会や政治を構想するいわゆる「戦後政治学」（丸山や福田歓一の思想にはそれぞれ確かにそうした側面があろう）の理想が、かならずしも及ばない領域にも及んでいた。『文明の考現学』が映すのは、まさにそうした可能性に他ならない。

戦地をかけめぐり、数多くの死体と対面して来たであろう神島はだが、他人の些細な出血をともなう怪我には、その話題に接してさえ、ひどく狼狽したのだという。そうした場面を目撃した内山秀夫は、「「血」ということばが……からだに結びつく現実をまえにしたとき……身内を凍らせる感覚をきっちりと残しておられたのではないか」と回想する（「よわむし神島さん」『回想神島二郎』）。他方、家族の証言によれば、晩年の神島はテレビでのスポーツ観戦を習慣とし、なかでも、大男たちが汗しぶきをあげながら肌と肌をぶつかりあわせる、プロレスと大相撲をとりわけ好んだという。直接的な接触や触覚と、そのイメージ（「触感」）の問題が、彼にとっていかに重要であったのか。こうしたエピソードはそのことをはしなくも明らかにしていよう。人と人との間にある距離と、そうした距離への感覚が、人と人と、あるいは人とモノやコトとの〈出会い〉としての政治秩序の基礎にはある。そうした距離を埋めようとする衝動の強さを、自身の内奥にもたしかに感じつつ、そうした衝動を甘やかさないこと。そうした衝動を方法的にいわば飼い馴らしていくこと。神島が追求しようとしたのは、そのためのアートとしての政治学の可能性なのである。

第八章　Legitimacy の浮上とその隘路——「正統と異端」研究会と丸山政治学[1]

一　「丸山政治学」——民主か独裁か？

「独裁の誘惑」か「未完の近代」か

「丸山政治学」とはどのような政治学なのだろうか。この点、興味深い見解を提出しているのは、政治学者・森政稔である。粘り強い対話よりは「強いリーダーシップ」とそれを背景にした「決断の政治」を待望する昨今のポピュリズム。その原因の一端を森は、「丸山政治学」に求めている。

佐々木〔毅〕も山口〔二郎〕も含めて政治改革にかかわってきた政治学者たちは、長く続いた自民党中心の割拠的な利益政治を排して、丸山眞男から戦後政治学に継承されてきた「強いリーダーシップ」の理念を今こそ実現することを使命だと考えていた。

（「独裁の誘惑——戦後政治学とポピュリズムのあいだ」『現代思想』二〇一二年五月号）

森によれば、小選挙区制度や政治資金規正法の導入にはじまり「首相権力」の強化におわる一連の「政治改革」は、「割拠的な利益政治」を排する「強いリーダーシップ」を志向したという点で、丸山と「戦後政治学」の延長線上にある。ところがこうした「強いリーダーシップ」の理念は、「政治改革」当時に想定されていたような形で、すなわち自民党一党支配体制の崩壊によって国政レベルで実現するということはなく、代わりに橋下徹大阪市長を代表例とするような地方政治における「反主知主義的で「ポピュリズム的」な政治家」によって現実化した。「戦後政治学の伝統がその武器を奪われ屈服させられつつあるという奇妙で皮肉に満ちた現象」が起きている。大阪を中心とする「維新旋風」が吹き荒れる中、森はそのように指摘した。

橋下徹が「戦後政治学」のいわば鬼子であるとする森の見立ての是非はともかくとして、ここで興味深いのは、森が現代日本における政治学を、集権的に政治改革を行おうとする「改革の政治学」と、六〇年代以降の「文化変容を踏まえた新たな民主主義思想」に基づく政治学との二つに分けた上で、丸山と「戦後政治学」を、後者の「新たな民主主義思想」――フェミニズムやエコロジー、マイノリティの権利擁護や多文化主義といった「非中央集権的なサブ「政治」の可能性」を擁護するとされる――側ではなく、決断やリーダーシップを重視する「改革の政治学」の側に位置付けて見せていることだろう。

「丸山政治学」をいわば「独裁」の（あるいは少なくともその誘惑をはらむ）政治学と見なす森のこうした見方は、既存の「丸山政治学」理解には反して見えるかもしれない。「戦後民主主義の旗手」としての丸山イメージは、「戦後民主主義」が一つの頂点を迎えた一九六〇年の安保闘争において竹内好（丸山の盟友でもあった）が提起した「民主か独裁か」をもじって言えば、むしろ「民主の政治学」の側に引き付けて、彼を理解することを助けてきたはずである。

森は「改革の政治学」に対する「文化変容を踏まえた新たな民主主義思想」に基づく政治学の要諦を、「差異を前提として差異をどのように配慮するか」にあると規定する。こうした森の理解に照らしても、常に「他者意識」「他者をその他在において理解する」ことの重要性を説いた丸山を、[2]後者の側に位置付ける——すなわち「独裁」ではなく「民主」の側に位置付ける——ことは可能であったはずである。「戦後民主主義」の思想という国内的な視角ではなく、広く「我ら失いし世紀」としての二十世紀思想家として丸山を捉えた場合、いわば「差異の政治学」としての「丸山政治学」という見方は、その説得力を増していくだろう。例えば、日本の「戦後思想」としてではなく、中国大陸の「現代思想」として丸山を読もうと試みる王前『中国が読んだ現代思想』(二〇一一年)は、改革開放政策から第二次天安門事件までの短い春(「文化熱」)の中に、日本の戦後啓蒙にも比すべき、中国大陸における「未完の近代」の可能性を見てとる。こうした立場から王が警鐘を鳴らすのが、現代中国におけるデリダ・ブームとシュミット・ブームである。批判的理性や近代への安易な懐疑が、むしろ巨大な権力による決断と独裁の肯定へと人々を導いていくのではないか。かかる危機感を背景に、批判的理性を行使する主体的個人の確立と、そうした個人に立脚した政治の可能性を構想しようとする時、王が導きの糸とするのが、I・バーリンと丸山眞男なのである。[3]

「政治的統合」(political integration)

それでは、森が描くC・シュミット的な丸山像(Schmidtian Maruyama)は誤りなのだろうか。王のバーリン的な丸山像(Berlinisque Maruyama)がやはり正しいということになるのだろうか。事態はもちろんそう単純ではない。

丸山の思想形成期において当のシュミットの影響が色濃いものであったことは、よく知られており、その詳細も権佐武志の一連の研究によって明らかになっている。[4] また、東京帝国大学法学部に提出した狭義の専攻である日本政治思想史に関する研究論文「近世儒教の発展における徂徠学の特質並にその国学との関連」(一九四〇年)、またそれに引き続く「近世日本政治思想史における「自然」と「作為」」(一九四一年)においても、丸山が探究した主題は、江戸の思想史にあって朱子学的思惟体系の解体に並行して生じた「作為」する決断主体としての統治者像の誕生であった。丸山の名を一躍有名にした時事論説「超国家主義の論理と心理」(一九四六年)にあっても、その主眼は戦前日本の超国家主義における責任主体の不在――「無責任の体系」とはまさにそのことの帰結である――に置かれていた。

こうした傾向がとりわけ顕著なのは「軍国支配者の精神形態」(一九四九年)である。ナチス・ドイツの政治指導者と比べた日本の政治指導者の精神的ひ弱さを指摘したことで著名な同論文において丸山が主張していたのは、明治憲法体制の「割拠性」と政治的統合の不在であった。明治国家は、「超国家主義」や「天皇制ファシズム」なる概念が往々にして想起させがちな権力の過剰によってではなく、むしろ決断の主体たる権力核の不在ないし欠如の結果として、なし崩し的に戦争へなだれ込んでいったというのである。

さらに丸山が、政治的判断や政治的思考法あるいは政治における結果責任の重要性を折に触れて説いてきたことも確かである。こうした責任を引き受ける精神的態度や政治的思惟は、さしあたりはやはり政治指導者・政治家にこそ求められる virtue ということになるだろう。「丸山政治学」がリーダーシップの重要性を強調したということは、その意味でも、間違いではないのである。

もっとも、以上のことは丸山が単に政治における強権的な政治指導の必要をやみくもに説いたということを意味しない。丸山の関心は権力やリーダーシップの必要性それ自体というよりは、どのような権力やリーダーシップが必要なのか、その質を問題にすることにあったと言えるからである。先に挙げた「軍国支配者の精神形態」においても丸山は「政治的統合」の必要を説きつつ、そのあり方、とりわけデモクラシーとの関係を問うている。丸山は、二・二六事件をはじめとした戦前の明治国家の危機を、「下剋上」と形容しつつ、次のように言う。

下剋上とは畢竟匿名の無責任な力の非合理的爆発であり、それは下からの力が公然と組織化されない社会においてのみ起る。それはいわば倒錯的なデモクラシーである。本当にデモクラチックな権力は公然と制度的に下から選出されているというプライドを持ちうる限りにおいて、かえって強力な政治指導性を発揮する……要するにこのような「官僚精神」をいくら積み重ねてもそこからは言葉本来の意味での政治的統合（political integration）は出てこない。（『丸山眞男集』第四巻、岩波書店、一九九五年、一二四、一三三―一三四頁、以下本全集からの引用は『集』四：一二四、一三三―一三四の如く略記）

「下剋上」に代表される明治国家の危機は「倒錯的デモクラシー」の様相を呈していた。それというのも明治憲法体制が、「本当にデモクラチックな権力」が持つ「強力な政治指導性」を欠いていたからに他ならない。このことは、だが逆に言うならば丸山が、デモクラシーを元来は「強力な政治指導性」と「政治的統合（political integration）」を実現する装置として捉えていたことをも意味する。社会の異なる利害や意見が開かれた場所で手続きに則った形で「闘争」を繰り広げること。そうした「闘争」の結果として得られたいわば「下から」の「統合」は、少数のエリートが「上から」行うそれよりも、強い。
丸山の考えるこのようなデモクラシーの中核にあるのは議院内閣制である。「科学としての政治学」（一九四七年）において丸山は言う。

アンシャン・レジームのもろもろの政治力は解体し、暗黒のなかで行われた錯雑した国家意思の形成過程は、いまや国会が「国権の最高機関」とされ、議院内閣制が採用される事によって著しく透明となった。また天皇が実体的な価値の源泉たる地位を去って「象徴」となった事によって国家権力の中性的、形式的性格がはじめて公然と表明され、その実質的な掌握をめざして国民の眼前で行われる本来の政治闘争がここに漸く出現した。（『集』三：一四三）

大日本帝国の崩壊と議院内閣制を明確に定める新憲法の制定によってはじめて、「国家権力」の「実質的な掌握をめざして国民の眼前で行われる本来の政治闘争」の条件が用意された。議会外の「法的あるいは超法的な政治勢力の間における、舞台裏の妥協、駆引」によるいわば私的闘争によってではなく、「もろもろの社会集団」が議会の代表を通じて「公的に闘争」することによって得られる「政治的統合（インテグラツィオン）」がはじめて可能になる（『集』三：一三八）。丸山はそのように言うのである

「権力」と「自治」――二つの魂

「もろもろの社会集団が公的に闘争するといった意味での「政治」」。あるいは「政治的統合（インテグラ

ツィオン)」「権力」。こうした言葉を用いてあるべき「政治」について語る丸山の力点はあくまで、その「闘争」「統合」「権力」の「公」「私」を問うことに、あったのかもしれない。だがそれは翻って言えば、「政治」それ自体は専ら「闘争」「統合」「権力」といった語彙が喚起するイメージで捉えられていたことを意味するのではないか。

「丸山政治学」に対する批判は、かくして、それが前提とする「政治」観に向けられることになる。とりわけ「権力」の「生産」及び「再生産」の過程として「政治」を把握しようと試みた『政治の世界』(一九五二年)は、それが丸山自身の残した唯一の「丸山政治学」体系書と見なされたこともあいまって、頻繁に俎上に載せられてきた。[5]

例えば政治哲学者・藤原保信は、「政治を本質的に権力の生産と再生産の過程として」みる「丸山政治学」においては、「政治学の目的は、かかる権力の分析を通じてその濫用を阻止するための条件を考究することにその焦点がおかれ、かかる権力を通じて実現されるべき目的なり価値の世界は背後に退いてしまっている」とし、そこに「倫理的アナーキー」の危険性を読み取る。[6]

同様の批判は、学部や大学院において丸山の謦咳に接し、世間からは「丸山学派」と見なされることの多かった政治学者たちからも寄せられてきた。「闘争」「支配」「自治」「同化」の四元理に「帰嚮」「カルマ」の二元理を加えた神島二郎の「政治元理表」もその作成動機は、「丸山理論」の「組み換え」を意図したものであった。[7] また、高畠通敏は「政治の定義」を、「権力や権威の問題」から「政治社会の中でうちたてられている政治的秩序の問題」に焦点を当て直す形で再考するべきだと提言しつつ、「丸山の理論」について、「権力的支配のリアリスティックな分析と日本の自治的方向への改革という二つの魂が、理論的に無媒介に共存している」とする。「統治」と「自治」。丸山の「政治学」に存在する二つの「政治」イメージのうち前者について、高畠はその批判を隠そうとはしない。(8)

このようにして見てくるならば、森による「独裁」の誘惑をはらむ政治学という「丸山政治学」の把握もやはり、上に述べたような丸山批判の伝統に掉さす、最新のヴァージョンと考えることができるだろう。(9)

二 「正統と異端」研究会——「夜店」か「本店」か?

「他称の虚名」

「丸山政治学」の魂としての「統治」「統合」「権力」。あるいはそれらと「理論的に無媒介」に併存する「自治」というもう一つの魂。それでは、「丸山政治学」のこうした構造は、丸山の学問的生涯を通じて、不変だったのだろうか。「二つの魂」の間に重心の移動はなかったのだろうか。

この問題が、従来、ほとんど検討されてこなかった原因については丸山にもその責任の一端がある。現実政治に関わる時事的な論説と、『政治の世界』を含む政治学の理論的な側面に関わる仕事を丸山はある時期から「夜店」と呼び、それに対して日本政治思想史こそが「本来の場」であることを、繰り返し強調するようになった。こうした観点からは「丸山政治学」なる名称自体が、「他称の虚名」であり迷惑なものとされた。

日本政治思想史というものが私の本来の場で、他は極端にいえば夜店を出したようなものです……そこで一日も早く夜店をたたんで本来の仕事に帰りたいと多年思っていたわけでございます。幸いにしてその後非常に優秀な政治学者がたくさん出てまいりましたし、私も多年夜店の領域ではものを書かないよう努力して来ましたので、どうやら夜店をたたむことがほぼできました。それでも「丸山政治学」などという他称の虚名が今でも往々用いられるので閉口している次第でございます。

(「原型・古層・執拗低音」(一九八四年)『集』一二:一一〇―一一一)

確かに、一九六〇年安保を最後として、丸山の時事的発言はほぼ影をひそめる。政治学・政治理論に関する著作が著されることもなかった。『政治の世界』は、入手が困難となり、その復刊が強く望まれながらも、丸山本人がその作業に着手することはなかった。

アカデミックな政治学について言えば、京極純一、永井陽之助、岡義達といった、狭義の政治学・政治理論を専門とする後進の政治学者の能力と業績とを、丸山が高く評価していたことは確かである。彼らの成長に伴い、政治学という学問分野の専門化とそれに伴う分業の意識が強く働くようになったことは間違いないだろう。

とはいえ、丸山の回顧を真に受けて、「丸山政治学」の存在を否定し、その時事論説や政治理論に関する著作の意義を軽視することはできない。また、いわば「本店」である日本政治思想の歴史的研究に回帰して以降の丸山から、「政治学」的関心が完全に失われたと捉えることも妥当ではないだろう。イデオロギーや政治理念が現実の政治過程に対して与える影響を軽視するべきではないことを力説し、「政治思想史と理論政治学の分野は混同されてはならないと同時に――全く他から離れて「独走」することはできない間柄にあるように思われる」(『集』七:二九―三一)としていたのは、他ならぬ丸山自身であった。

新しい政治学?

それだけではない。一九六〇年代以降の丸山の関心の推移を単に学問的な分業意識による「本来の場」への復帰と見なしてすますことは、以下にあげるような、丸山を考える上での重大な変化の契機を、見逃すことになるだろう。

第一に、この時期を前後して、丸山が研究動機にかかわる「精神的スランプ」を口にしはじめているという点である。六〇年安保に先立つ一九五八年、思想史家・橋川文三との対談に際し丸山は、「ぼくの精神史は、方法的にはマルクス主義との格闘の歴史だし、対象的には天皇制の精神構造との格闘の歴史だったわけで……ところが、現在実感としてこの二つが何か風化しちゃって、以前ほど手ごたえがなくなった」と語り、「学問をやって行く内面的なエネルギー」の枯渇を告白している(『丸山眞男座談』第二巻、岩波書店、一九九八年、二三四頁、以下『座談』集からの引用は『座談』二:二三四の如く略記)。

そして第二に、狭義の日本政治思想史に関わる研究についても、その方法論に大きな変化が生じている点である。丸山は先ほども挙げた「原型・古層・執拗低音――日本思想史方法論についての私の歩み」(一九八四年)において、自らの「日本思想史の方法論」がこの時期、最初の著書『日本政治思想史研究』に代表される「普遍史的な発展段階論」を前提にした「縦の歴史」から、「「横から」の急激な文化接触という観点」を重視するいわば「横の歴史」へと変化をきたしたと振り返っている。「開国」という最近の「文化接触」についての関心――論文「開国」(一九五九年)として結実する――がやがて、有史以来の「文化接触」にもかかわらず残るある種の「原型」、そうした影響が変容していくパターンの共通性を規定する

「古層」ないし「執拗低音」の探究——「歴史意識の「古層」」（一九七二年）がその成果であった——へと丸山を向かわせていくことになった（『集』一二：一二三—一二四）[10]。

そして第三に、丸山が「新しい政治学」の構想を、やはりこの時期に語りはじめるという点である。先に紹介した政治学者・高畠通敏との対談において、将来的な政治学の展開を問われた丸山は、以下のように応える。

いまばくぜんと私が考えているのは技術としての政治学（politics as art）を市民としての立場から構築してゆくという方向だということになるでしょうね。技術としての政治という観念は、歴史的には国家経綸の術（Staatskunst, statecraft）として、つまり、プラトンにしてもマキァヴェリにしても、また為政者という言葉を政治指導者という言葉にかえれば、革命政党の組織論にしても、もっぱら、指導者の立場から説かれてきたと思うのです。この技術としての政治というものを、今度は市民の観点から構成していくということ、市民が制度づくりをやっていくということ、市民の立場から状況を操作する技術としての政治学、そういうものが将来の政治学の方向になっていかなければならない。

（『座談』四：九九）

日本政治思想史家・松澤弘陽はこれを「市民の日常的な場における技術（art）としての政治学」とまとめて見せた上で、それを「丸山眞男が狭義の政治学者として最後の時期に考えた、政治学の新しい構想」とする[11]。

以上あげた諸点が相互にどのような関係に立つのかは必ずしも明らかではない。だが、丸山の学問世界に大きな地殻変動が起こっており、それが日本政治思想史の方法論のみならず、政治学の捉え方という次元にも及ぶものであったことは確かである。特に、その「政治学の新しい構想」は、仮にそれが本当なのであれば、本章の視点からは特に重要であろう。

もっとも、丸山の上記発言のみから判断するならば、その「新しい構想」の新しさは、実のところ、丸山がそれまでも重視してきた政治的判断や政治的思惟あるいは結果責任の倫理の担い手が「指導者」なのか「市民」なのかという違いにすぎないとも言える。価値中立的な「技術」としての「政治」観それ自体は、依然として変わらないようにも見える。

いわば「後期丸山政治学」とも呼ぶべき構想が実在したのか。実在したとして、それはどのような点において「前期」のそれと異なるのか、より詳細な検討が必要だろう。だが、そうした作業には、上記に述べてきた事情からして、専ら日本政治思想史に関わる論文――しかも「精神的スランプ」以降の丸山はその死に至るまで極めて寡作だった――を材料に行わなくてはならないという制約が付きまとう。

「正統と異端」研究会

丸山の没後、関係資料が一括して寄贈された東京女子大学図書館通称「丸山文庫」(正式名称：東京女子大学比較文化研究所附置丸山眞男記念比較研究センター)に残る「正統と異端」研究会関係資料は、こうした状況を一変させる可能性を秘めている。「正統と異端」研究会とは、一九五〇年代の半ばに企画された筑摩書房の『近代日本思想史講座』シリーズ第二巻として予定されていた編著『正統と異端』執筆のために設

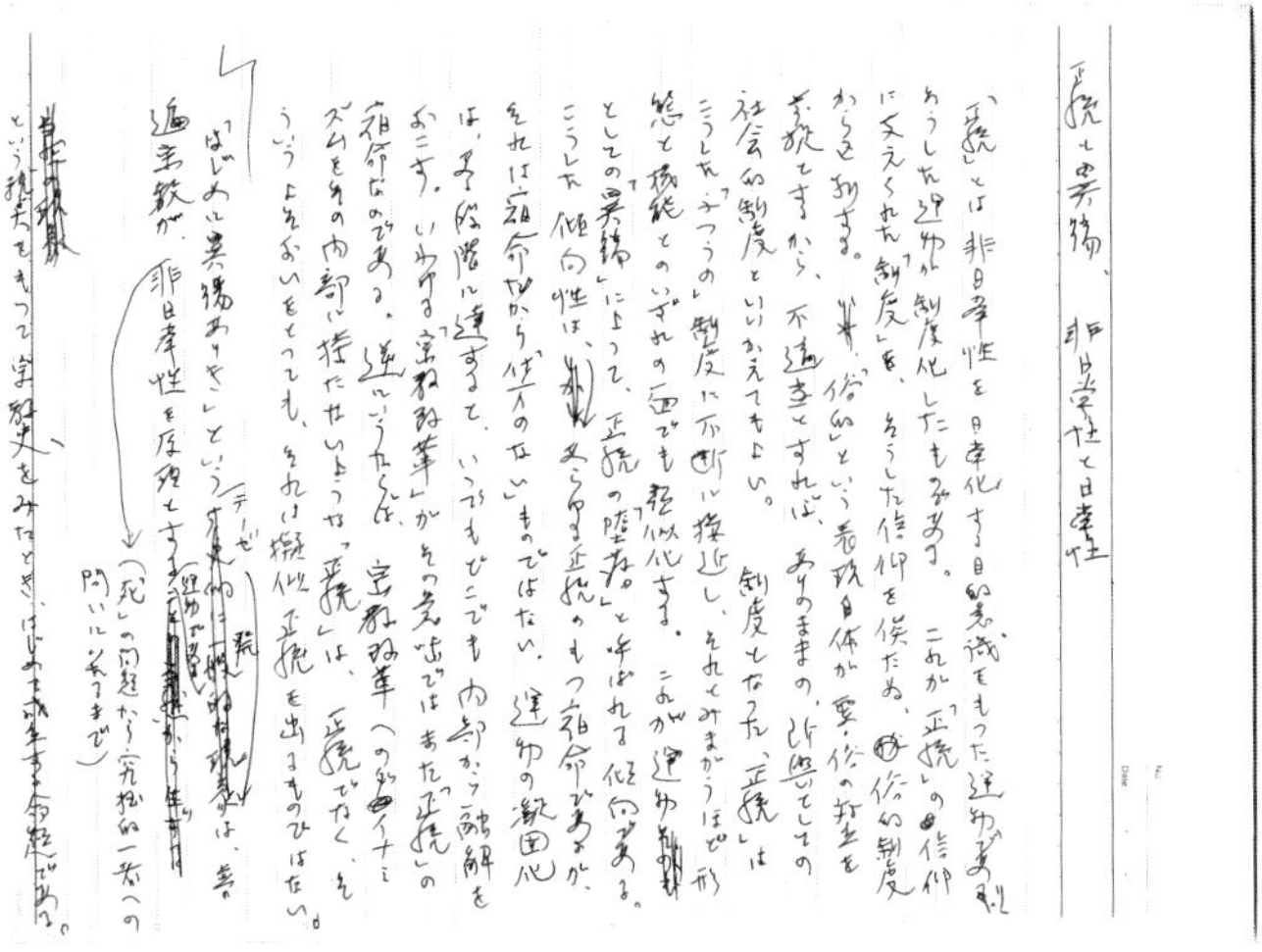

正統と異端、非日常性と日常性

「正統」とは非日常性を日常化する目的意識をもった運動が、こうした運動が制度化したものである。これが「正統」の信仰に支えられた「制度」を、そうした信仰を伴わぬ俗的制度から区別する。「俗的」という表現自体が聖・俗の対立を前提とするから、不適当とすれば、ありのままの、所与としての社会的制度といいかえてもよい。制度となった「正統」は、こうした「ふつうの」制度に不断に接近し、それとみまがうほど形態と機能とのいずれの面でも類似化する。これが運動としての「異端」によって、「正統の堕落」と呼ばれる傾向である。こうした傾向性は、あらゆる正統のもつ宿命であるが、それは宿命だから仕方のないものではない。運動の教団化は、ある段階に達すると、いつでもどこでも内部から融解をおこす。いわゆる「宗教改革」がその意味ではまた「正統」の宿命なのである。逆にいうならば、宗教改革（へのダイナミズム）をその内部に持たないような「正統」は、正統でなく、そういうものをもっても、それは擬似正統を出るものではない。

「はじめに異端ありき」というテーゼは、普遍宗教が、非日常性を原理とする（「死」の問題から究極的一者への問いに至るまで）という視点をもって宗教史をみたとき、はじめて成立する命題である。

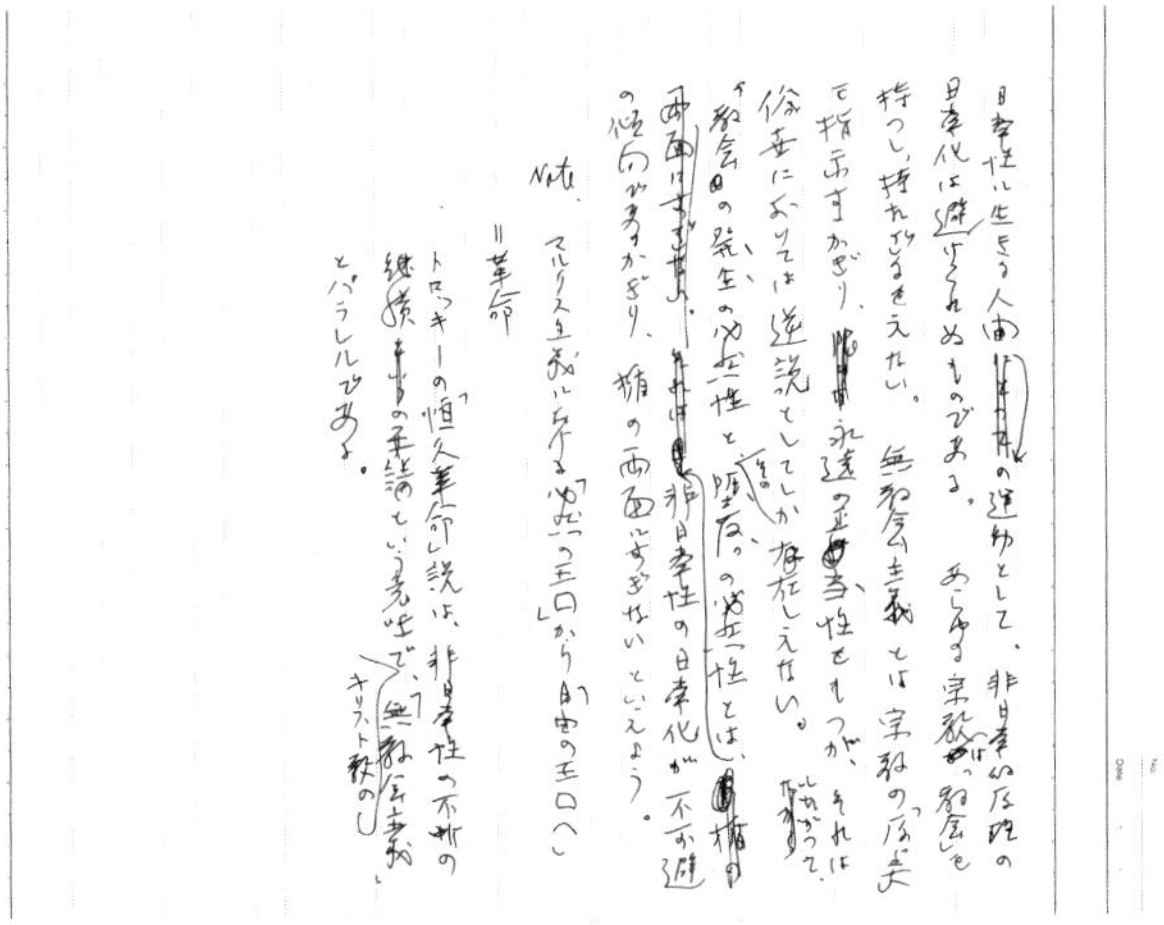

日常性に生きる人間の運動として、非日常的な原理の日常化は避けられぬものである。あらゆる宗教は「教会」を持つし、持たざるをえない。無教会主義とは宗教の原点を指示するかぎり、永遠の正当性をもつが、それは俗世においては逆説としてしか存在しえない。したがって「教会」の発生の必然性と堕落への必然性とは、非日常性の日常化が不可避の傾向であるかぎり、楯の両面にすぎないといえよう。

Note. マルクス主義における「必然の王国」から自由の王国へ
＝革命
トロツキーの「恒久革命」説は、非日常性の不断の継続という意味で、キリスト教の「無教会主義」とパラレルである。

「正統と異端」研究会資料（学校法人東京女子大学蔵）

けられた研究会である。当初の執筆予定者は編著者である丸山の他に藤田省三、神島二郎、石田雄（ただし、研究会の主要参加者は神島を除く丸山、藤田、石田の三人であったと見られる）。結局、この『正統と異端』が刊行されることはなかったが、刊行を目指した研究会は、途中中断を挟みつつ断続的に、丸山の死の直前まで実に四十年以上も続いた。上記「丸山文庫」には、丸山の手元にあった研究会資料の他、石田雄から寄託を受けた関連資料がやはり一括して所蔵されており、石田寄託分を除くほかはほぼすべて（ただし後述するように音声資料は含まれない）が公開されている。

このうちでも、一九八〇年代に入って「再活性化」した研究会資料は、体系的な形で残されており、とりわけ資料的価値が高い。八〇年代の研究会は、テープ起こしした原稿に編集・修正を加えた上での出版を前提としており、それぞれ（1）音声資料、（2）それをテープ起こしした上で編集者が整理した原稿、（3）さらにそれに丸山が朱入れした原稿が（しかしやや錯雑した形で）残されている。このうち、（1）音声資料を除く（2）（3）の原稿類は現在でも東京女子大学「丸山文庫」において閲覧可能である。[12]

現在、この八〇年代の研究会資料について、音声資料を忠実に文字起こししたものを新たに基礎資料とし、整理・校注を加えての刊行作業が、筆者も参加している丸山眞男研究プロジェクト（「二〇世紀日本における知識人と教養——丸山眞男デジタルアーカイブの構築と活用」）スタッフの手によって進行中である（なお、同プロジェクトは平成二十四年度以来、私立大学戦略的研究基盤形成支援事業として文部科学省による助成を受けている）。

この「正統と異端」研究会は、本章の視角からするならば第一に、丸山が「精神的スランプ」を告白し、彼の研究方法論が根底から変化したとおぼしき時期にはじまり、本章の仮定する「後期丸山政治学」の時期をカバーしている点で、重要である。また、第二に、とりわけ八〇年代の研究会において丸山の関心の焦点がLegitimacyの問題にあったことが、「後期丸山政治学」を考える上では、見逃せない。

だが、以上述べてきたような資料整理にまつわる事情により、八〇年代研究会に見える「後期丸山政治学」の存在態様如何という問題についての詳細な検討は、資料全体の整理刊行を待ち、別稿を期さざるを得ない。以下は問題の所在とそのおぼろげな輪郭を描くのみである。

三　Legitimacyの浮上

「異端」の消失と『政治の世界』の復活

一九八〇年代に「再活性化」した「正統と異端」研究会においては、丸山の関心に変化が見られた。研究会のメンバーであった石田雄は、これを「L正統の比重の増大」(O正統の比重の低下)と総括する。[13] 同じ「正統」という言葉に翻訳されうるLegitimacyとOrthodoxyのうち、前者のLegitimacy(L正統)の問題に焦点が当てられるようになったというのである。

五〇年代半ばに始まった研究会における丸山の当初の関心は、後に広く五五年体制と呼ばれることになった当時の保革対決の制度化を背景として、「保守」の理念としての天皇制と、「革新」の理念としての教条的マルクス主義をともにキリスト教的な異端審問システムを備えたOrthodoxy(O正統)になぞらえることで、一見相いれないように見える両者の「思惟構造」における相似性(例えばいわゆる「左翼天皇制」の問題)とその歴史的起源をあぶりだすことに存したものと思われる。これは他面において、丸山が「精神的スランプ」の原因としてあげた天皇制とマルクス主義の「風化」に抗し、あえてそれら「対決相手に型を与え」直すことで、再び対決するべき敵を取り戻そうとする試みでもあった。(14)

ところが、やはり両者の「風化」が、高度経済成長の開始とともに保革対立から思想的対決の契機がうすれてゆくことに伴って一層進展し、もはや「型」を与えるべくもなくなっていく。問題関心の背景をなす社会構造が大きくしかも不可逆的に変化したのである。また、マルクス・エンゲルス及びレーニンの原典を基礎とした教義解釈学の体裁を取り得るマルクス主義はともかくとして、いわゆる「近代天皇制」にはそもそもそうした教義判定の基準となる経典もその解釈準則も存在しない。先行する各種「異端」のいわば反射的効果としてのみ語られうる「国体」のいわば「空虚な中心」的構造が、キリスト教を範型としたOrthodoxyとの類比を安易に許さないという理論的困難が、研究会の討論を通じて丸山に自覚されていった（資料番号672-6：日付不明、以下研究会史料の引用は同文庫の検索用番号を付す）。さらには、おそらく、「上から」見た「正統と異端」と対をなす形で構想された「下から見た権力に対する忠誠と反逆」（資料番号572：一九八八年十月十一日）の問題が『講座』第六巻の『自我と環境』に収められた「忠誠と反逆」（一九六〇年）として結実し、いわばテーマや資料の重複なしに書くことが難しくなったという実践的困難に逢着する。これらの事情により当初の企図は、挫折を余儀なくされたのである。

かくしてOrthodocyに代わりLegitimacyの問題が前景化することになるが、その際に重要なのは、それが「正統か異端か」ではなく「正統性か合法性か」という対抗軸を伴って浮上したという点にある。

というのも第一にそれは、ある意味では当然ながら、「異端」の位置付けの変化を伴ったからである。五〇—六〇年代の研究会においては、例えば「自我」の問題に焦点を当てた「忠誠と反逆」において集中的に分析されているような、時には「忠義の逆焔」を燃やし自らOrthodoxyたることを信じて疑わないいわば真摯なる「異端」と、逸脱型・隠遁型などとも分類される「異端ごのみ」とのあいだの区別が問題とされた。これに対し、八〇年代の研究会では「異端」の問題は、専ら儒学経典における「異端」の解釈史の検討という字義の次元に限定した形で、議論されることになったのである。[15]

そして、第二に——本章の視角からはこちらがより重要であるが——それは『政治の世界』（一九五二年）の問題系の復権を意味したからである。『政治の世界』の大きな特色は、マックス・ヴェーバーのいわゆる「支配の三類型」論に丸山が異議を唱えているという点にある。丸山はそこで、支配の「正統性的根拠」の類型に焦点をあて、とりわけ「人民による授権」を、「近代に於て最も普遍的な正統性的根拠」とする。その上で、（カリスマ・伝統と並ぶ三番目の）「合法性に基づく支配」というヴェーバーの類型については、「形式的合法性（Legalität）はどこまでいっても合法性で、実質的な正統性とは異なる」と指摘し、その独自の類型としての意義を否定したのである（『集』五：一五九—一六〇）。ここで「合法性（Legalität）」の対概念とされているものこそ「正統性（Legitimität = Legitimacy）」である。八〇年代の研究会資料において丸山は、やはりカール・シュミットに引照しながら、次のように言う。

……だからウェーバー批判になるわけです。合法性が正統性の根拠にならないという問題になる。その点ではカール・シュミットのほうが正しい。やっぱり近代国家の正統性的基礎は単なる合法性にあるのではない。つまり人民が自分がつくった法律に自ら服するという、そういう意味では人民主権的正統性がその背後にある。だから合法性のレベルと正統性のレベルはあくまで別だということになるわけです。

（資料番号718：八九年五月一日）

合法性と正統性の懸隔は、「近代に於て最も普遍的」な「人民主権的正統性」においてもやはり問題になる。合法性や「法の支配」が持つ「正統性の感覚」というのも、「ただ権力が法規に従って発動するというだけでなく、その法なるものが一方的に被治者たる人民の参与によって、具体的にいえば人民を代表する議会の同意によって」作られることによって得られる。つまり「人民が作った法に人民が従うという観念が合法性そのものを正統化している」のである（『政治の世界』、『集』五：一五九―一六〇）。

「契約」か「革命」か――八月革命と人民主権

丸山が『政治の世界』以来の Legitimacy の問いに再び正面から向き合おうとするにあたり、重要な契機となったのは日本国憲法の Legitimacy を疑う同時代の声であった。とりわけ丸山の念頭にあったのは、文芸評論家・江藤淳による一連の「占領体制」論である。

一九七八年から翌年にかけて江藤淳は、同じく文芸評論家・本多秋五との間でいわゆる「無条件降伏論争」を展開した。ポツダム宣言の受託によって大日本帝国は「無条件降伏」したという通念に対し江藤は、ポツダム宣言の条項及び国際法学者・田岡良一の所説（「終戦後ノ日本ノ法的地位」外務省外交文書『終戦史録』別巻）に依りつつ、「無条件降伏」をしたのは日本軍であって、日本国家ではないとの主張を展開した。江藤の見るところ、ポツダム宣言の受託は、日本国にとってあくまで条件付きの降伏なのである。[16]

江藤の議論の主眼はあくまで、本来は条件付き降伏であるはずの占領が、無条件降伏であるかのような

「誤解」が生じた要因を、「占領体制」期の言論統制に求めることに向けられていた。言論統制の上に咲いた「徒花」としての「戦後文学」が、彼の直接的な攻撃対象であった。

丸山は、だが、こうした江藤の議論の中に、日本国憲法とそれを基礎とする戦後社会の Legitimacy それ自体への否認が孕まれていることを、鋭く嗅ぎ付ける。「日本は対等の立場で降伏したのであり、ポツダム宣言と降伏文書に明示された降伏条件に基づいて、連合国側と一つの契約を行ったのである」とする江藤に対し、丸山が持ち出すのは「革命」である。[17]

デモクラティックな正統性と人民主権的正統性は非常に関連している。特殊的にいうと人民主権的正統性ですね。帝国憲法における「国家統治の大権は朕が祖宗に享けてこれを子孫に伝えるものである」これは宮沢さんの言葉だと神勅的正統性というんです。天照の神勅によって正統性が決まっているというのが明治体制である。それをポツダム宣言は日本国民の自由な意志で政体を変更できるとしたんだから、神勅も何もないわけで、国民の自由な意志によれば、極端にいえば共和国にすることも出来るんですね。君主制に対するノーを含んで、事実上君主制が維持されているのがいまの状態であるし、現憲法ですね。

（資料番号567：一九八四年七月十三日）

これはいわゆる八月革命説として知られる憲法学者・宮澤俊義の「八月革命と国民主権主義」（『世界文化』一九四六年五月号）についての言及である。[18] 宮澤は明治憲法を、君主主権を定めたものと解する。主権は本来君主に存するか人民に存するかのどちらかでしかありえないところ、フランス革命とその人民主権論の勝利に衝撃を受けたイェリネックは「国家法人」説――君主でも人民でもなく「国家」に主権が存するというわば折衷説――を編み出した。こうした理論構成を採用する美濃部達吉の立場を、議会主権という実を取ることを目的とした法技術にすぎないとして宮澤は退ける（したがって宮澤の明治憲法解釈は穂積八束や上杉慎吉の方にむしろ近い）のである。明治憲法の本質が君主主権である以上は、人民主権への変更は明治憲法の憲法改正条項に基づいて合法的にこれを行うことはできない。かかる憲法改正の限界を超えた変更は、法的には「革命」と説明するしかない。ポツダム宣言の受託は、したがって、君主主権から人民主権へ、神勅的正統性から人民主権的正統性への「革命」と見なすほかはない。

この「憲法の改正条項によって改正が許されない部分」こそ、「L正統」（Legitimacy）にあたるのだと丸山は説明する（資料番号567）。逆に言うならば、日本国憲法の本質的な核心部分は、丸山にとってしたがって人民主権（第一条）とその当然の前提としての基本的人権の保障にあり、例えば平和主義（第九条）にあるのではなかった（資料番号718：一九八九年五月一日）[19]。

戦後の政治社会の基礎に、対等な二者間に取り交わされる「契約」を置くことで、明治国家と穏やかに連続した戦後社会を改めて構想し直そうという志向――契約の有効性は人格の持続性を前提にしていよう――を、丸山は江藤の議論の中に読み取る。これに対して丸山は戦後社会の基礎に「革命」を置く宮澤の議論を再び熱烈に「蒸し返す」ことで、あくまでも明治国家との厳密な「切断」を志向する自らの姿勢を再確認しようとするのである。

Legitimacy の隘路

こうした「切断」思考が孕む問題点も、しかし、明らかであった。「契約」の契機を完全に捨象し、政治社会の始原に「革命」のみを置くならば、それは「正統性」を、倫理や法ではなく国民的同質性を前提にした「政治的実存」の持つ力に還元することになる（資料番号718）。「力は権利なり」という背理をそれは結局認めることになるのではないか。「人民主権」という現憲法の「正統性根拠」は、それ自体の正統性根拠を、結局、見出せないのではないか。「丸山政治学」に価値の契機を導入するかに見えたLegitimacyは、再び「政治的実存」――それが日本国民であれ、かつての敵国であれ――が持つ力へと解体されていく他ないのか。丸山の思考はこうした結論を前に行き詰まりを見せる。『正統と異端』が未完に終わったのは、丸山自身がかかる行き詰まりを自覚していたことも一因であろう。

そして、この行き詰まりは、改めて明示的に表明される、以下のような「政治」観ともまた無縁ではあるまい。

教育や経済と並ぶ価値を、ぼくは政治に置きたくないわけ、人間活動には、もっといろんな文化価値がありますね。これは、南原〔繁〕先生と根本的に違う。南原先生は政治も文化価値だって言うんですよね……南原先生は、「政は正なり」っていう『論語』の言葉で、政治的価値というのは一つの文化価値だと言うんです。ぼくは、基本的にそれは違うんだと。政治は、それ自身の固有の価値というものを持たない。(20)

研究会と並行した時期に行われたこのインタビューで丸山は、再び、「政治」をあくまでも手段的価値としてのみ捉える従来の立場を繰り返している。丸山は、例えば南原繁のように、政治それ自体を目的価値として捉え直すことはなかった。あるいはまた例えばH・アレントのように、権力と暴力とをあくまで峻別し、集合的な力として前者を捉えなおすというようなことはなかった（『暴力について』）。丸山において、権力はあくまで暴力をその基底において持ち、政治はまたそうした意味での権力から無縁ではありえない。「丸山政治学」は、少なくとも、それが前提とする「政治」観の次元においては、変化しなかったのである。

以上の結論は、だが無論、「後期丸山政治学」について考えることの重要性までをも否定するものではあるまい。例えば、「契約」ではなく「革命」によって政治社会の Legitimacy を問い直そうとした丸山の試みは、同時代の政治学者・社会学者たちと共鳴するものを持っていたはずである。例えば、七〇年代以降支配的になった、J・ロールズやR・ノージックによる政治社会の契約論的構成について、それを「正統性の危機」をもたらすものとして峻拒し（「契約は、集合的記憶喪失に依拠している」）、集合的記憶と生得権(birthright) に依拠する政治理論を構想しつつあったS・ウォーリンの試み。[21] また、契約(covenant) に対して、回心(conversion) を対置し、「外面的契約」としての憲法(constitution) に対して、独立宣言に受肉された革命(revolution) の精神を対置することで、アメリカの civil religion（政治宗教）とそれを支える神話的構造の探究を目指したR・ベラー――ベラーのかかる試みについて丸山は研究会において「アメリカの「国体明徴運動」」として肯定的に言及している（仮番号 720）――の試みなどはその例であろう。[22]

「力は権力を産まない」と喝破し、「たった一度の全会一致」としての社会契約によって政治社会の Legitimacy を基礎付けようとしたJ・J・ルソーが、しかし、立法者と religion civil について考察せざるを得なくなったことを想起するならば、「後期丸山政治学」が逢着した難問は、およそすべての政治学者にとって挑戦に値する問いであったとも言えるのだろう。問いの立て方を変えることで、問題それ自体を解消することは、彼の選んだ途ではなかった。なるほど確かに、政治学者が目を背けたとしても政治における暴力の契機は、そこにあり続けるのだから。

註

(1) 本章は、二〇一三年三月に行われた東京女子大学丸山眞男記念比較思想研究センター公開研究会及び、同年七月にソウルで行われたAsan Institute主催のCold War Liberalism Projectにおける報告原稿をもとにして新たに書き下ろしたものである。それぞれの研究会参加者の啓発的なコメントに感謝する。資料の閲覧に際しては、山辺春彦、川口雄一両氏の助力を得た。併せて感謝したい。

(2) 石田雄『丸山眞男との対話』みすず書房、二〇〇五年、一七—三五頁。

(3) 王前『中国が読んだ現代思想——サルトルからデリダ、シュミット、ロールズまで』講談社選書メチエ、二〇一一年所収「合わせ鏡としての現代日本思想——丸山眞男の受容」参照。また同「二十世紀——林達夫と丸山眞男」河野有理編『近代日本政治思想史』ナカニシヤ出版、二〇一四年所収参照。

(4) 権佐武志「丸山眞男の政治思想とカール・シュミット(上)——丸山の西欧近代理解を中心として」『思想』第九〇三号、一九九九年九月。但し、権佐の関心はその克服の局面に向けられている。

(5) 苅部直『丸山眞男——リベラリストの肖像』岩波新書、二〇〇六年、一六一頁。

(6) 藤原保信『政治理論のパラダイム転換——世界観と政治』岩波書店、一九八五年、二一八—二二一頁。

(7) 神島二郎『新版 政治を見る眼』日本放送出版協会、一九九一年、一四三—一四五頁。

(8) 高畠通敏『政治学への道案内』講談社学術文庫、二〇一二年、四八頁。

(9) 森の批判の矛先は、丸山自身というよりは佐々木毅や山口二郎に向けられており、丸山の議論には、森が定式化する「改革の政治学」に尽きない側面があることは、森自身も述べるところである。その意味でも森の丸山批判は、丸山の政治観が「市民的政治文化」と相いれないことを一方的に強調する嫌いのある今井弘道や中野敏男よりは、その「二つの魂」の無媒介な共存を指摘する高畠のそれに近いと言えるだろう。但し、「丸山学派」も一様ではなく藤田省三には「独裁」賛美の傾向が見られたことについては森の述べる通りである。又、趙星銀「デモクラシー――清水幾太郎と藤田省三」前掲河野編『近代日本政治思想史』所収。

(10) もっともここでの丸山の回想も正確ではなく、五九年度の講義においてはじめて現われたとされる「古層」論は、しかし、その原型となる構想が五六年度講義にはすでに見えることにつき『丸山眞男講義録　第六冊』「解題・附」を参照のこと。

(11) 松澤弘陽、千葉眞編『ＩＣＵ　一般教育シリーズ　政治学講義』国際基督教大学、二〇〇三年、六頁。

(12) 利用案内その他は下記参照。http://www.twcu.ac.jp/facilities/maruyama/bunko/info.html

(13) 石田雄「『正統と異端』はなぜ未完に終わったか」『丸山眞男との対話』、六五頁。

(14) 同、五六頁。

(15)「江戸時代における異端類型化の試み　一九八七年九月――日本学士院論文報告」を参照。同報告は『丸山眞男話文集』（続1、みすず書房、二〇一四年）に収録されている。

(16) 江藤淳『忘れたことと忘れさせられたこと』文藝春秋社、一九七九年、二一一―二四八頁。

(17) 同上、二四五頁。

(18) この「八月革命説」を実質的には丸山の発案になるものとするのは『丸山眞男集』別巻「年譜」、四七頁参照。但し、高見勝利『宮沢俊義の憲法学史的研究』（有斐閣、二〇〇〇年、一七七頁）はこの点に異論を提出する。

(19) 丸山は憲法九条が体現する平和主義を、「八月革命」の産物としてではなく、第一次大戦後のいわゆるパリ不戦条約の延長線上に、すなわち戦前との連続の相の下に理解する傾向が顕著である。

(20) 鶴見俊輔他編『自由について』編集工房 sure、二〇〇五年、一七二―一七三頁。『丸山眞男回顧談』（岩波書店、二〇〇六年、二九七―二九九頁）もほぼ同趣旨。

(21) Sheldon Wolin, "Contract and Birthright," *Political Theory*, Vol.14. No.2 (May 1986), p.188.　千葉眞「現代国家と正統性の危機――S・S・ウォリンのデモクラシー論」『思想』第七八九号、一九八九年参照。

(22) ベラー自身も、おそらく丸山の示唆を受けて自身の試みをアメリカ「国学」の探究と説明していた。Robert N. Bellah, *The Broken Covenant-American Civil Religion in Time of Trial*, New York (1975)、ロバート・ベラー『破られた契約――アメリカ宗教思想の伝統と試練』未来社、一九八三年。同書をはじめとして civil religion は「市民宗教」と訳されるが、日本語における「市民」の語感に鑑み「政治宗教」と訳した方が、相対的に誤解は少ないものと思われる。

あとがき

本書を刊行するにあたり、収録することになった論文を改めて並べてみた時、第三章を除くすべてが二〇一一年三月に起きたあの震災以降に書かれたことに気づいた。第二章で明治の三陸大津波が、第四章で濃尾大地震が、第五章で大正大震災が、それぞれの議論の背景として取り上げられているのは、当時はあまり意識していなかったのだが、おそらく偶然ではないのだろう。

三月十一日を東京・南大沢の研究室で迎えた私は、その月の二十九日、閑散とした成田空港からハワイ・ホノルルに飛び、Association for Asian Studies のカンファレンスにおいて第五章の下になる "Banzai and Iyasaka: Two Cheers for Democracy in Japan" を報告した。報告や質疑の内容は正直に言うとあまりよく覚えていない。滞在中は、計画停電下にあった東京の暗さとあまりに強烈なコントラストをなすまばゆい陽光に満ちたホノルルのビーチ横で、茫然自失してひたすらビールを飲んでいたことのみをかろうじて記憶している（パネル "Other language of Legitimacy: New Perspectives on the History of Political Discourse across the Tokugawa-Meiji Divide" を企画してくれたダビデ・メルバルトさん、コメンテーターを引き受けてくれた松田宏一郎さん、そして與那覇潤さんに李セボンさん、一緒にビールを飲んでくれてありがとう）。東北で被災した方々に比べれば、「経験」などという言葉を使う方がおこがましいような乏しい体験にすぎない。それでも、それまで自分が持っていた価値の尺度や方向指示器のようなものが根底から揺るがされたような思いがしたのはやはり否定しようがない事実なのだ。

本書の第一章も、ゴールデン・ウィークの連休初日の四月二十九日に始まり、七月二十二日に終わった東京女子大学での公開講義「明六雑誌とその時代」が下敷きになっている。初回講義日が通常の大学の学年暦より大幅に遅いのも、やはりあの震災と原発事故によって、東京女子大学全学の授業開始が、繰り延べられたためである。講義中、幸運にも大規模な余震に見舞われることはなかったが、しばしば眩暈と区別がつかなくなるような軽微な余震は頻発した。

鮮明に記憶に残っているのは講義参加者——学生だけでなく（概ね講義担当者よりはるかにご高齢の）学外の方々も含まれていた——の一種異様な熱気であった。毎回、講義の最後にはアンサーシートを提出してもらい、次回の講義冒頭で、いくつかのコメントを紹介するという方式を採用したのだが、力作ぞろいのコメントを前に嬉しい悲鳴をあげることになった。講義参加者の意欲がもともと高かったのかもしれない。だが、それだけではなかったのではないか。あの日の記憶がいまだに誰の脳裏にも生々しく焼き付いていたことが、そして余震を通して常にそれが喚起されつづけていたことが、関係していたのではないか。

丸山眞男が、「これまでのあり方はあれでよかったのだろうか。何か過去の根本的な反省の上に立った新しい出直しが必要なのではないか、という共通の感情」によって結ばれていたという、敗戦直後の「悔恨共同体」の存在について指摘したのは、「近代日本の知識人」（一九七七年、『集』第一〇巻所収）でのことであった。ここで丸山は、「知識人が職場のちがいをこえてひとつの知的共同体を構成しているという意識が近代日本では成熟を妨げられてきた」としつつも、かかる「知性の王国への共属意識」の例外的な高まりを、三つのエポックに見出す。そのうち、最後のエポックが、敗戦直後の「悔恨共同体」であり、そしてその最初のエポックが明六社である――「在官であると在野であるとを問わず、彼等はあくまで明六社という知的サロンの同人であり、明六社の解散後もそういう知的共同体の成員であるという意識を持ち続けた」――というのである。

明六社に関して言えば、丸山の見方は他の点についてはともかく、この点については基本的に正しい。彼らは、特定の真理をともに認識し、それを一般大衆に宣伝し、教化する、その意味での「啓蒙」集団などではなかった。彼らの意見は、しばしば相互に食い違っていた。彼らが共有していたのは、複数の異なる意見の存在は、避けがたい必要悪であるばかりではなく、むしろ望ましいことであるかもしれないという認識であり、意見の相違を恐れることなく自分たちの力で様々な事柄について一から考え直してみようとする態度であったように思われる。

もちろん、二〇一一年のあの日に起きたことは「敗戦」ではなかった。また、「瓦解」でもなかった。とはいえ、あの日とそれに引き続く事態によってこの社会にもたらされた様々な混乱は、明六社の同人たちも直面していたであろう「マインド之騒乱」（福澤諭吉）を追体験する契機となったのかもしれない。明六社同人が、個別の意見の相違にもかかわらず、共有していた知的態度。それがいかに貴重なものであるのかを、私たちはいわばその身をもって知ることになったのである。「個々の閉鎖的職場をつなぐ共通の知的言語」（丸山前掲）の厚みと広がりが、この社会において、いまこそ試されている。そうした意識が漠然としてではあれ共有されていたことが、講義参加者の意欲を下支えしていたのではないか。

二〇一一年初夏の教室にこもっていた熱気は、明六社の活動が現在の社会について一から考え直し、それについて他者と議論したいと願うすべての老若男女にとって今なお導きの糸になり得ることを、証明していたように思われた。白昼夢のようなホノルルの風景の中で陥った茫然自失の状態から、私がまがりなりにも抜け出すことができたのだとすれば、それは思えばこの熱気のおかげだったのかもしれない。

丸山は、敗戦直後の「悔恨共同体」の限界を、まさにそれが「悔恨」共同体として成立したことに由来すると指摘している。「戦争体験が風化するように、「悔恨」もまた時の流れの経過によって風化を免れな」いというのである。では、明六社同人たちの「知的共同体の意識」はどうだったのだろうか。丸山自身は、この点、明治国家の制度化の進展に伴いそうした意識がやはり漸減していくと見る。だが、明六社同人たちに戦後知識人におけるような「悔恨」はおそらくなかった。だとすれば、なぜ「風化」したのか。いや、そもそも本当に「風化」したのか。「風化」したのだとすれば何がそれをもたらしたのか。「新日本」（明治の人びとは往々、江戸以降の時代をそう評した）の政治思想史を扱う本書全体を貫く問題意識がもしあるのだとすれば、それはこの点に関わっている。

かつて藤田省三は、〈正統と異端〉研究会の中で、「真摯な異端」と「異端好み」を区別したことがある。「真摯な異端」が、少なくとも主観的には真理に（したがって正統に）コミットしようとしながらも、客観的な情勢の中で「異端」と見なされてしまう類型であるのに対し、「異端好み」は最初からそうしたコミットメントの意識を持たない。「偽史」という新出来の言葉（おそらくその誕生は一九七〇年を遡るまい）が漠然と指し示す領域は、おそらく藤田の言う「異端好み」と大きく重なるはずである。本書では「偽史」

「異端好み」の政治学・政治思想の成立を一九三〇年代の権藤成卿に見た。そして、明六社同人の精神――それを特徴付けるのは阪谷素の真摯さである――の「風化」が語り得るとすれば、それはこのような意味での異端の誕生という地点に立ってのことではなかろうか、と考えた。

震災後、曖昧で刺激的な「パワーワード」を元手にして、実に様々な人が（今度は例えばSNS上で）雄弁に持説を語り、人々を扇動しようとしたように見える。そこで用いられている言葉や概念は、では、正確にはどのような意味で使われているのか。そしてその言葉遣いは従来のそれと比べて果たしてどのように異なるのだろうか。そうした（阪谷が「翻訳」という言葉で示したような）営みは、この間、あまりに乏しかったようにも思える。そうこうするうちに、曖昧な語義や薄らいだ過去の記憶を鮮明にしようとする努力自体を放棄し、その曖昧さのままに自らの奉じる「政治道徳」に利用しようとする動きが党派の左右を問わず強まってきていはしないか。「偽史の政治学」という題名を考えていた際に（映画『シン・ゴジラ』を複雑な思いで見終わり、そういえば「シン日本」政治思想史はどうだろうなどと益体もないことを同時に考えつつ）思っていたのは、例えばこういうことだったのかもしれない。

本書の成立にあたり、感謝をささげたいのは各種の研究会である。大学院を修了して久しい私にとって、研究会とは裃を脱いで同業の研究仲間と忌憚なく議論できる得難い場所である。幸運なことに、私は多くの刺激的な研究会に参加する機会を得、そこで多くの眩い才能に出会うことができた。本書に収録した多くの論文はそうした研究会の成果である。いちいちお名前をあげることはしないが、各種研究会をコーディネートし、場所を提供し、参加者を募り、時にはその後の「懇親会」まで周到に準備して頂いた方々に改めて感謝したい。言うまでもなく、こうした公共財の提供は大変なコストである。そして私は多くの場合そのような公共財のフリーライダーであった。

また、刊行にあたっては、白水社の竹園公一朗さんにまさに「おんぶにだっこ」という言葉がふさわしいほどお世話になった。竹園さんは、かつて私が大学院で明治の政治思想史などというマイナーな分野を研究しようと思ったとき、そうした研究分野の梁山泊のような趣を呈していた都立大学法学部の大学院における驍将のお一人として仰ぎ見る存在であった。そのような方に本書の刊行に携わっていただいたことはやはり得難い幸運であった。

最後に、東北の大震災を知らない二人の子どもたちに。あなた方にとって、世界がどうか生きやすいものでありますように。

二〇一六年十一月、二人目の子どもがこの世に生を受けた日に

河野有理

参考資料　阪谷素「翻訳文字合議説」

近世文字改定の説紛々競ひ出ず、其説各異にして各一理あり而して今に至り決せず皆之を筆舌に発する而已未だ実地に施す能はず、余も亦嘗て各国文字言語の殊異にして学者を苦しめ交際を害するを憂ひ欧米文明諸国と合議を開き公用私用を分ち以て漸く一に帰することを望み其説を明六雑誌第十号に載せ同志の諸公に正す、然れども其事迂大急に行はる可らず、因て以為らく文字言語の同一に帰する姑く之を自然に付せざるを得ず、抑も吾邦文明の端緒は翻訳書にあり是方今学者の至急務にして文部学監米国博士「モルレー」君も亦懇々此事を論ぜらる断じて姑息に付す可らず、且吾邦風習社会に習れず忽ち結び忽ち破るる者も比々然たり夫れ事を為すは合議協力にある而已、而して如此豈に嘆ず可きに非ずや、然れども政事商法の如き利害得失の変化する是に習れざる者眼前に昏迷し其方向を失するも舟に習れざる者の風波に遇ふ如きも亦宜なり、翻訳文字に至ては利害得失の阻渋して邪魔を為す者なく而して之を議するの人は皆有識の学者にして西洋社会を講究する者なり、此人にして此会を為し此利あつて此害なきの事を為す其事の立つや必す可し此に由て社会の益を示し民選議院の嚆矢を為す豈に美ならずや、余窃かに方今翻訳の書を観るに訳法良なる者固り多し然れども各人其意に任じ一定の則なく甚しきに至りては書生書肆利を急にするの弊多くして洋賢畢生力を尽すの書と雖も徒らに其初を訳し彼の頭此の手甲の鼻乙の足転々交錯人形屋の細工場に入る如く概ね其全状を見ずして読者其実力を長ずる能はず大に開明の阻渋を生ず、是れ蓋し終に軽薄談柄に資し開明の皮膚を飾るの習はせに利なるより生ずと雖も有識の憂ふ可き所に非ずや、今や出板の自由漸く行はれんとして而して此弊改まらざる時は恐らく軽俊の徒巧に律例を避け浮浅無益の書競起り濁波滔々汽船の暗洲に乗かけ航海の大業進歩すてざる如きならん、是は其才に応じ其科を分り理学歴史政律天文地理器械の書其大小深浅を審にし条約を定めて実功を正さざる可らず、且漢人の洋音に於る耳の触るる所に随ひ当つりに姑息の字を以し土地人物一把にして数名一人にして数称ある者の如く転輾訛謬人を疑惑せしむるも亦大なり、其和書和語を用ゆる者又雑然規則なく其意に随ふて公議を取るに意を用ひず是も亦衆説の至当を求めて其一に帰せざる可らず、姑息の意訳は俗に所謂当字の如きものにして原語の意を失し人を誤る者多し特に「シフヰリゼーション」《文明開化》「リベルチー」《自主自由》「ラヰト」《権理》「オブリゲーション」《義務》等のみならず甚しきに至りては教字の訳定まらずして理教の教宗教の教往々誤り認むる者あるより政教の科分明に別つ可きの一端を聞かじり我身勝手に引つけ政家は徳性品行を治道に益なしとし、其為す所の政も亦人理外の者（ママ）して「デスポチック」をして時世の至当と為すに近き者あり、是皆西洋諸賢の説と分明背馳する者にして世々転換蝶鉸の際最も畏る可し、此弊の生ずる多端と雖も亦訳法の阻渋に生ずと言はざる可らず此等固り細心密議集めて注解を下し一書を作り公布す可し此他訳法の衆論公議により世の大益を為す者蓋し一二を以て数ふ可らず、皆宜く博（ママ）公論に決して一書を作り再三再四改定校正以て海内翻訳の規則と為す可し、蓋し草創の際は精密に暇あらず読者亦其力足らず実用却て粗にして多きに在り今や訳書頗る多く読者の眼力も亦日々に長ぜんとすれば其粗にして多より寡きも亦精にしても実力を養ふ可き者実用たるの時に至る、且方今に於ては諸先生大抵旧習の然らしむる所より和漢書に深し故に合議の法立たざるも大謬に至らず今日少年皆競て洋籍に進み漢文日々に衰微従来漢文名家と称する者も文偏〔?〕の日々に既なるに狎れ心を全体に苦めず字句の華麗口吻の軽俊を以て人の喜びを戯謔に取るの便を弄し実力漸く消亡す況や少年洋籍に進む者をや、数年を出ずして翻訳の潰乱必ず至る、幸ひに諸先生猶存するの今日に当り急に注意し翻訳会〔合〕議の社必ず開かざる可らず、而して此任や明六社に在らざるを得んや、苟も然る或はスピーチを廃し専ら此に従事する可なり或は全日を以て此会に当て半日を合て之を為すも亦可なり、然れども方今の勢ひ独立の諸老先生と雖も官命を仮らざる行はれ難きものあらば官に請ひ文部の扶持依頼し諸院省翻訳の人を招集し之を以て職務中の一業とし先つ規則を論定し徐ろに公平至当の訳法を定む其間時に諸学及世事の討論に及ぶ主とする所既に明に世に益して余暇又智識を養ふの実効を奏す豈に義事謂はざるべけんや、余聞近来「スタチスチック」の「コングレス」欧州に創るや他事と異にして衆論背戻喧騒の事なく開闢未実務の美会議と称すと、意ふに翻訳会議此に比する固り狭く且小と雖も其事の立つや必ず義必ず善以て吾邦社会民選議院の良鑑たる可きなり、然れども曰く国事憂慮方に劇なり何そ区々訳法を問はんと、或は曰く此会の立つ其度早し、而して今日良機会を因循姑息に付し頽唐自放人を誤り世を玩愒するを以て「リベルチー」と為す如きは小子の知る所ろに非ずと雖も諸老先生決して此事なり又異論に於て「デスポチック」を為さざるは平生知る所ろなり、請其志を憐み幸に熟思昭亮せよ

（『須天加多志』早稲田大学図書館蔵、請求番号・チ 6-4415-1 ～ 61）

*なお同資料は古典籍総合データベースにおいて web 上で閲覧できる。同資料の存在については丹羽みさと氏（国文学研究資料館機関研究員）にご教示頂いた。謹んで感謝申し上げる。

初出一覧

序章　書き下ろし

I　眩しい光の傍らで

第一章　苅部直他編『日本思想史講座　近代』第四巻、ぺりかん社、二〇一三年

第二章　河野有理編『近代日本政治思想史』ナカニシヤ出版、二〇一四年

II　「イエ」と「社会」の間、あるいは「新日本」の夢

第三章　中野剛志編『成長なき時代の「国家」を構想する』ナカニシヤ出版、二〇一〇年

第四章　千葉功編『日記に読む近代日本2』吉川弘文館、二〇一二年

第五章　北岡伸一監修『自由主義の政治家と政治思想』中央公論新社、二〇一四年

III　〈正統と異端〉を越えて

第六章　松沢裕作編『近代日本のヒストリオグラフィー』山川出版社、二〇一五年

第七章　神島二郎『新装版　文明の考現学』東京大学出版会、二〇一三年

第八章　『現代思想』二〇一四年八月臨時増刊号、青土社

や行

ら行

わ行

な行

は行

ま行

人名索引

あ行

か行

さ行

た行

著者略歴

河野有理（こうの・ゆうり）
一九七九年生まれ。東京大学法学部卒業、同大学院法学政治学研究科博士課程修了。博士（法学）。日本政治思想史専攻。現在、首都大学東京法学部教授。主な著書に『明六雑誌の政治思想』（東京大学出版会、二〇一一年）、『田口卯吉の夢』（慶應義塾大学出版会、二〇一三年）、『近代日本政治思想史』（編、ナカニシヤ出版、二〇一四年）がある。

偽史の政治学

新日本政治思想史

二〇一六年一二月一五日 印刷
二〇一七年 一 月一〇日 発行

著 者 © 河 野 有 理
発行者 及 川 直 志
印刷所 株 式 会 社 理 想 社
発行所 株 式 会 社 白 水 社

東京都千代田区神田小川町三の二四
電話 営業部〇三（三二九一）七八一一
編集部〇三（三二九一）七八二一
振替 〇〇一九〇・五・三三二二八
郵便番号 一〇一・〇〇五二
http://www.hakusuisha.co.jp
乱丁・落丁本は、送料小社負担にてお取り替えいたします。

株式会社松岳社

ISBN978-4-560-09528-7
Printed in Japan